영재들을 위한 상위10%

# 수학 바이러스 시즌2

**❶ 매쓰브리지 입학**

수와 연산

## 수학 바이러스 시즌 2 - 1권

정완상 ⓒ, 2022

초판 1쇄 발행일 | 2022년 1월 15일

지은이 | 정완상
그린이 | 이화
발행인 | 박혜정

발행처 | 브릿지북스
출판등록 | 제 2021-000189 호
주소 | 경기도 고양시 일산서구 킨텍스로 284, 1908동 1005호
문의전화 | 070-4197-5228
팩스 | 031-946-4723
이메일 | harry-502@daum.net

ISBN 979-11-976702-7-5
　　　979-11-976702-9-9(세트)

영재들을 위한 상위10%

# 수학 바이러스

시즌2

① 매쓰브리지 입학

**수와연산**

정완상 지음 | 이화 그림

## 들어가는 말

**몇 년 전에** 런던으로 여행을 갔다가 꼭 가보고 싶은 작은 도시를 방문했어요. 런던에서 기차를 타고 북쪽으로 한 시간 정도 가면 케임브리지라는 작은 도시가 나오는데 그곳에는 중세풍의 대학 건물들이 즐비하게 늘어서 있답니다. 케임브리지는 킹스 칼리지, 트리니티 칼리지 등 수많은 대학들이 있는 대학도시인데, 바로 이곳에서 미적분학의 창시자인 뉴턴이 공부했고 빅뱅 이론으로 유명한 스티븐 호킹이 수학과 물리학 교수로 재직했어요. 케임브리지를 처음 본 인상은 '아! 이런 곳이라면 세계적인 수학자나 과학자가 나올 수 있겠구나!'였어요.

그래서 이번에 영재들을 위한 수학 추리 동화를 쓰면서 그때 내 머릿속에 강한 인상을 준 케임브리지를 떠올리며 수학 영재들이 모여 사는 매쓰브리지라는 가상의 작은 도시를 설정해 보았어요. 처음에는 우리나라 학교에서 벌어지는 일로 설정할까도 생각해보았지만 아직까지 케임브리지 대학 같은 세계적인 명문학교가 없다는 점에서 가상의 해

외 도시로 결정했어요.

　영재들을 위한 수학. 수학 영재란 기계적으로 외워서 문제를 잘 푸는 것이 아니라 새로운 수학 이론을 만들어 낼 수 있는 창의적인 사고를 가진 사람을 말하지요. 그러다 보니 이 시리즈에서는 추리물의 기법을 도입하게 되었어요. 매쓰브리지의 수학영재학교에 유학 온 두 명의 수학 영재들과 매쓰브리지에서 벌어지는 일련의 사건들을 통해 수학 영재들에게 사고력을 요구하는 수학 문제에 접근하는 방식을 보여 줄 수 있었어요. 어린이들이 읽는 책이어서 성인 추리물처럼 잔인한 사건은 피했어요.

　또한 이 책에서 페르와 매씨 두 친구는 어려운 문제를 함께 토론하여 해결할 뿐만 아니라 그것을 일반화하는 논문을 완성하여 자신들의 블로그에 올리는 활발한 활동을 하지요. 바로 이것이 제가 수학 영재들에게

　당부하고 싶은 훌륭한 수학자가 되는 방식이에요. 이미 수학의 재미있는 내용을 블로그에 올리는 활동을 하는 친구들도 있을 거예요. 하지만 그보다 더 중요한 것은 초등 수학이나 중등 수학에서 배운 내용을 토대로 자신만의 일반화된 공식을 찾아 논문을 만들어 블로그에 올려 보는 것도 좋은 방법입니다. 그러다 보면 다른 수학 영재들이 블로그에 찾아와 자신의 이론에 대한 모순을 발견하고 지적할지도 모릅니다. 그런 과정에서 블로그지기는 진정한 수학 영재로 거듭나게 됩니다.

　이런 점을 염두에 두고 이 시리즈를 완성했습니다. 두 명의 수학 영재와 함께 초등 수학의 다섯 영역을 다섯 권의 스토리로 만들었습니다.

1. 수와 연산

2. 도형

3. 문자와 식

4. 규칙성과 함수

5. 확률과 통계

    이 시리즈를 읽고 어려운 수학 문제를 자신만의 방식으로 접근해 보세요. 그러면 즐거운 창의력 수학의 세계가 여러분 앞에 펼쳐질 것입니다.

    끝으로 이 책이 나올 수 있도록 큰 배려를 해주신 브릿지북스 사장님께 감사의 말을 전합니다.

정완상

## 추천사

정완상 교수님이 쓰신 『수학 바이러스』의 추천사를 부탁받고서, 전에도 교수님이 쓰신 책을 재미있게 읽은 경험이 있던 터라 교수님께서 이번에는 또 어떤 재미있는 이야기로 수학을 펼쳐 나가실지 궁금했습니다. 원고를 읽으면서 "역시!"라는 감탄사를 연발하면서 어느덧 책의 내용 속으로 빠져 들어갔습니다.

한 편의 탐정소설과 같은 이야기를 재미있는 수학 내용과 함께 이끌어가는 방식은 기존의 다른 수학책과는 확연하게 구별되는 획기적인 것이라는 생각을 했습니다. 그리고 분명 우리 학생들에게 수학에 대한 흥미와 차원 높은 호기심을 불러일으키기에 충분하다는 확신이 들었습니다.

수학도시 매쓰브리지에 있는 수학영재학교에 한국인 페르라는 남학생과 매씨라는 여학생이 입학을 하게 됩니다. 페르와 매씨는 학교에서 일어나는 미스터리한 사건들의 실마리를 차근차근 풀어

나가고, 이 과정 속에서 흥미로운 수학 이야기가 펼쳐집니다.

　수학은 대단히 재미있고 매력적인 학문이라고 생각합니다. 그러나 많은 사람들은 수학을 어려워하고 심지어는 두 번 다시 보고 싶지 않은 과목이라고도 생각합니다. 수학이 분명 공부하기 쉬운 과목은 아니지만, 다른 과목들에 비해 '끔찍한 과목'으로 취급받는 이유는 무엇일까요?

　무슨 뜻인지 알 수 없는 이상한 기호들, 한 줄 한 줄 따라가기에도 벅찰 만큼 어렵게 전개되는 수식들……. 이러한 것들이 수학에 대해 막연한 공포를 느끼게 하는 것이 아닌가 생각합니다.

　하지만 다소 어렵다고 느껴지는 내용도 몇 번 보면 쉬워질 수 있습니다. 이해하기 어렵거나 해결하기 어려울 때 며칠 덮어놓았다가 다시 들여다보고 또 덮어놓았다가 들여다보기를 반복하다보면 어느덧 어려움

　자체를 즐기게 되고 또 재미를 느끼게 되는 자신을 발견하게 될 것입니다.
　『수학 바이러스』에서 소개되는 '재미와 더불어 호기심을 불러일으키는 수학적 문제 상황'은 이해하기 어려운 수학 문제들도 다시 들춰보고 싶게 하여 마침내 여러분을 신비한 수학의 세계로 안내해 줄 것이며 수학적 즐거움의 경지로 이끌어 줄 것입니다. 다시 말해 『수학 바이러스』는 자신을 영재라고 생각하든 그렇지 않든 수학을 '해보고 싶다'는 생각을 가진 용기 있는 사람들을 위한 책입니다.

홍선호

## 배경

　**수학도시 매쓰브리지는** 작은 도시이지만 수학 천재의 메카로 통한다. 오래된 건물들이 즐비한 700년 역사를 자랑하는 매쓰브리지 수학영재학교에는 해마다 전 세계의 내로라하는 수학 영재들이 몰려든다. 이곳에는 필즈메달이나 '수학의 노벨상'이라고 불리는 아벨상을 받은 수학 교수들이 많이 있다. 나이나 국적에 상관없이 특별 인터뷰만으로 학생을 선발하는 매쓰브리지 수학영재학교에 최초로 두 명의 한국인 학생이 입학했다. 어릴 때부터 '수학 천재' 소리를 들었던 페르라는 열두 살 소년과 동갑내기인 매씨라는 소녀가 그 주인공이다. 이곳의 학생들은 초등학생이나 중학생 정도의 나이지만 중고등학교 과정 수준의 수학 수업을 받는다. 또한 이곳의 수업은 다른 학교와는 달리 하나의 과목이 마무리되면 다음 과목을 수강하는 방식으로 진행된다. 두 학생은 수와 연산, 도형, 문자와 식, 규칙성과 함수, 확률과 통계를 차례로 배우게 되는데 매쓰브리지 캠퍼스에서 이상한 사건에 휘말리게 된다.

## 차례

들어가는 말 • 4

추천사 • 8

배경 • 11

매쓰브리지 영재학교 _약수 • 14

의문의 이메일 한 통 _배수 • 30

사라진 가우심 교수 _잉여류 • 41

다잉 메시지 _홀수와 짝수의 성질 • 53

미래의 과학 탐정들 _암호 숫자 • 60

청소부로 변장한 매씨 _오류검증번호 • 73

비밀의 방 _네 개의 숫자를 차례로 배열하는 방법 • 85

이상한 나라의 앨리스 _이진법과 부부수 • 100

가우싱 교수를 구출하다 _오일러 가설과 페르마의 소정리 • 109

부록

심화학습 • 122

교과연계 • 155

# 매쓰브리지 영재학교

"정수론을 가르치게 될 가우싱이다."

40대 후반으로 보이는 곱슬머리의 사내가 낡은 3층 건물의 301호 강의실에서 자신을 소개했다. 매쓰브리지에는 수십 개의 오래된 건물들이 있고 건물과 건물 사이에는 수풀이 우거진 오솔길이 나 있으며 커다란 연못과 작은 실개천이 흐르고 있어 수학 연구를 하기에는 최적의 장소였다.

기숙사에서 생활하는 매씨와 페르가 맨 처음으로 신청한 과목은 정수론이었다. 정수론은 자연수와 정수에 대한 여러 가지 성질을 연구하는 과목으로 골드바흐의 추측, 리만 가설 등 아직까지 미해결된 정리들이 산적해 있다.

　가우싱 교수는 정수론에 관한 세계 최고의 권위자 중의 한 사람으로, 골드바흐 추측을 증명할 가능성이 높은 수학자로 유명하다. 학계에서는 그가 최근에 발표한 소수 분포이론이 골드바흐 추측을 증명하는 데 결정적인 역할을 할 것으로 내다보고 있다.

　가우싱 교수의 정수론 강의를 듣는 수강생은 페르와 매씨를 포함해서 모두 열 명이었다. 매쓰브리지는 규모에 비해 학생 수가 매우 적은 편이었다. 그것은 어중이떠중이를 뽑지 않고 진정한 수학 천재들만을 입학생으로 선발하는 매쓰브리지 영재학교의 전통 때문이었다.

　매씨와 페르는 맨 앞자리에 앉아 가우싱 교수의 강의를 경청했다. 두 사람은 이 강의실에서 가장 어렸다.

　"오늘은 완전수에 대한 강의를 하겠다."

　가우싱 교수가 분필을 들고 칠판 앞으로 다가가면서 말했다. 매씨와 페르는 판서 내용을 기록하기 위해 노트를 펼쳤다.

　"우선 기초부터 차근차근 공부해야겠지? 수학에서 기초는 아주 중요하니까 말이야. 자, 약수가 뭐지?"

　가우싱 교수가 부드러운 시선으로 매씨를 바라보며 물었다.

"어떤 자연수가 두 수의 곱으로 나타내어질 때 그 두 수를 약수라고 합니다."

매씨가 자신 있는 표정으로 대답했다.

"매씨 양! 그렇다면 6=1×2×3이니까 3은 6의 약수가 아니란 얘기군. 두 수의 곱으로 나타낸 것이 아니니까 말이야. 학생의 정의는 조금 애매모호한 데가 있어. 6을 1로 나누면 나머지가 얼마지?"

가우싱 교수가 다시 물었다.

"0입니다."

매씨가 대답했다.

"6을 2로 나누면?"

"0입니다."

"3으로 나누면?"

"0입니다."

"4로 나누면 나머지는?"

"2입니다."

"5로 나누면 나머지는?"

"1입니다."

"6으로 나누면 나머지는?"

"0입니다."

"좋아. 6으로 나눈 수 중에서 나머지가 0이 되게 하는 수는 뭐지?"

가우싱 교수가 의미심장한 웃음을 지으며 물었다.

"1, 2, 3, 6입니다."

매씨가 약간 떨리는 목소리로 대답했다. 다른 모든 학생들이 교수와 자신을 번갈아 보고 있는 탓인지 무척 긴장한 표정이었다.

"바로 그거야. 어떤 수 N을 a로 나누었을 때 나머지가 0이면 a를 N의 약수라고 불러. 이것이 바로 약수의 정확한 정의야. 즉, 약수란 어떤 수를 나누어떨어지게 하는 수이지."

가우싱 교수가 모두를 바라보며 말했다. 매씨는 한방 먹은 기분이었다. 수학에서 정확한 정의가 얼마나 중요한지 처음으로 느꼈기 때문이다.

가우싱 교수가 이번에는 페르와 시선을 맞추며 말했다.

"페르 군, 6의 약수를 말해 보게."

"1, 2, 3, 6입니다."

페르가 똑 부러지는 목소리로 대답했다.

"어떤 수든 간에 1과 자기 자신은 항상 약수가 되지. 예를 들어 N이라는 자연수가 있다고 해 보자. N을 1로 나눈 나머지는 0이고 N을 N으로 나눈 나머지도 0이거든. 그러니까 N이라는 자연수는 1과 N이라는 약수를 반드시 갖지. 어떤 수의 약수 중에서 자기 자신을 제외한 약수를 진약수라고 불러. 즉, 6의 진약수는 6의 약수 중에서 6을 제외한 1, 2, 3이지. 6의 진약수들을 모두 더하면 원래의 수와 같아져."

가우싱 교수는 이렇게 말하고는 칠판에 다음과 같이 썼다.

$$1+2+3=6$$

"이런 성질을 가진 수를 완전수라고 불러. 그럼 이런 성질을 갖지 않는 수를 뭐라고 부를까?"

가우싱 교수는 모두를 둘러보았다.

"불완전수라고 부르면 어떨까요?"

미국 출신의 샘이 말했다.

"좋은 의견이군. 하지만 완전수가 아닌 수는 부족수 또는 과잉수라고 불러. 4의 진약수는 1, 2야. 진약수를 모두 더하면 1+2=3이지? 3은 4가 되기에는 부족하지? 이렇게 진약수의 합이

원래의 수보다 작은 수를 부족수라고 불러. 4는 부족수야. 이번에는 과잉수의 예를 들어 보지. 12의 진약수는 1, 2, 3, 4, 6이야. 진약수를 모두 더하면 1+2+3+4+6=16이 되어 12보다 커지지? 이렇게 진약수의 합이 그 수보다 커지면 그 수를 과잉수라고 불러. 즉, 12는 과잉수야."

가우싱 교수가 입가에 미소를 띠며 말했다. 가우싱 교수의 정수론 특강은 첫 시간부터 흥미로웠다. 매씨와 페르는 가족과 떨어져 매쓰브리지에 오기를 잘했구나 하고 생각했다. 가우싱 교수는 강의를 마치면서 첫 번째 리포트를 내주었다. 리포트는 컴퓨터 문서로 작성하여 가수싱 교수에게 24시간 내에 전자메일로 보내야 했다. 리포트는 '6 다음으로 큰 세 개의 완전수를 더 찾아내고 어떤 원리로 찾아냈는지를 정리하여 제출하라'는 내용이었다.

강의실을 나온 매씨와 페르는 점심식사를 하기 위해 식당 건물로 향했다. 매쓰브리지에는 수십 개의 아담한 식당들이 곳곳에 있는데, 두 사람은 강의실에서 가장 가까운 스낵바에서 햄버거로 간단하게 점심을 때웠다. 조금이라도 시간을 아껴 리포트를 제출하기 위해서였다. 다른 수강생들은 점심도 거른 채 자료를 찾기 위해 중앙도서관 건물로 서둘러 가고 있었다. 점심식사를 마치고 매씨와 페르는 나무 그늘 아래에 있는 조그만 야외 탁자에 앉았다. 매쓰브리지에서는 이런 나무탁자에서 리포트를 쓰거나 책을 읽는 학생들이 많았다.

"어떻게 찾지?"

페르가 걱정스런 얼굴로 매씨를 바라보며 말했다. 첫 번째 리포트부터 제대로 내지 못할까봐 수심이 가득한 얼굴이었다. 반면에 매씨는 표정이 밝았다. 왠지 답을 알고 있는 듯한 얼굴이었다.

"글쎄."

매씨는 어깨를 으쓱거리며 말했다. 다소 건방져 보이는 태도였다. 페르는 들고 있던 작은 배낭에서 소형 휴대용 컴퓨터를 꺼냈다. 그러고는 컴퓨터에 '완전수'라고 입력했다. 그러자 컴퓨터는 즉각 반응을 보이더니 다음과 같이 화면에 네 개의 수를 나타냈다.

6, 28, 496, 8128

"찾았어. 6 다음의 완전수는 28, 496, 8128이야."

페르는 산삼을 발견한 심마니처럼 입을 함지박 만하게 벌리고 소리쳤다.

"그 정도는 나도 알고 있었어. 다른 수강생들도 인터넷에서 찾았을 거야. 하지만 왜 그 수들이 완전수가 되는지를 밝혀내야지. 가우싱 교수는 과정을 중요시하는 분이잖아."

매씨가 냉담하게 말했다.

"그럼 넌 원리를 알고 있다는 거야?"

"물론. 이곳으로 오기 얼마 전에 내가 연구하던 게 완전수를 찾는 일반적인 방법이었어. 곧 청소년 수학 논문으로 발표할 예정이었는데 리포트를 내는 걸로 만족해야겠다."

페르는 존경스러운 눈빛으로 매씨를 바라보았다. 자칭 타칭 수학 천재로 소문난 페르지만 매씨의 냉철한 사고를 따라가기에는 역부족이라는 생각이 들었다.

"어떤 원리지?"

페르가 부드러운 목소리로 물었다. 어차피 스터디그룹이 하나의 리포트를 완성하면 되는 시스템이었고 페르는 매씨와 같은 스터디그룹이었기 때문이다. 페르는 이번 리포트는 매씨 덕분에 간단히 무임승차할 수 있다는 생각이 들어서인지 입가에 가벼운 미소를 띠었다.

"그냥 가르쳐 줄 수는 없지. 네가 스스로 찾을 수 있게끔 힌트를 줄 거야. 그래야 우리 팀이 함께 작업을 했다고 교수님에게 떳

떳하게 말할 수 있지 않겠어?"

매씨가 도도하게 툭 내뱉었다.

두 사람은 노트를 펼쳤다. 리포트의 기초자료를 정리하기 위해서였다.

"28의 진약수는 1, 2, 4, 7, 14이고 진약수를 모두 더하면 1+2+4+7+14=28이야. 또 496의 진약수는 1, 2, 4, 8, 16, 31, 62, 124, 248이고 진약수를 모두 더하면

$$1+2+4+8+16+31+62+124+248=496$$

이 되니까 28과 496은 완전수가 분명해. 8128도 마찬가지 성질을 가질 거야. 이 정도면 논리적이지 않을까?"

페르가 한쪽 어깨를 치켜 올리며 말했다.

"이건 답을 먼저 알고 나서 그것이 답임을 밝힌 것뿐이잖아. 28, 496, 8128이 완전수라는 것을 어떻게 알아냈냐고 교수님이 물으시면 뭐라고 대답할 건데?"

매씨가 톡 쏘아붙였다.

"1부터 하나씩 차례대로 조사해 보았다고 하지 뭐."

"그건 거짓말이잖아. 내 사전에 거짓말 따윈 없어."

"이번 기회에 사전을 업그레이드 시키면 되잖아?"

"미안하지만 내 사전에는 그런 나쁜 단어는 업그레이드가 불가능하게 만드는 장치가 있거든."

"그럼 어떡할 건데?"

페르가 언짢은 표정으로 물었다. 자신만 졸지에 나쁜 학생이 된 것 같은 기분이 들었기 때문이다.

"규칙을 생각해보는 게 좋겠어. 네 개의 완전수는 모두 2의 거듭제곱과 소수와의 곱이야."

매씨는 노트에 다음과 같이 썼다.

$$6 = 2 \times 3$$
$$28 = 2^2 \times 7$$
$$496 = 2^4 \times 31$$
$$8128 = 2^6 \times 127$$

페르는 매씨가 찾아낸 완전수의 규칙성에 놀라움을 금치 못했다. 두 사람 모두 수학 영재이지만 꼼꼼한 면에서는 매씨가 한 수 위였다. 다시 매씨의 말이 이어졌다.

"2의 거듭제곱으로 장난을 좀 쳐 봤어."

"어떤 장난?"

페르가 의아해하며 물었다. 매씨는 아무 말 없이 노트에 2의 거듭제곱 수를 차례로 써 내려갔다.

$$1, 2, 4, 8, 16$$

"이 수들로 연속되는 수들의 합을 구하면

$$1+2=3$$
$$1+2+4=7$$
$$1+2+4+8=15$$
$$1+2+4+8+16=31$$
$$1+2+4+8+16+32=63$$
$$1+2+4+8+16+32+64=127$$

이 돼. 이 중에서 3, 7, 31, 127은 소수이지만 15와 63은 소수가 아니지? 그러니까 그 줄은 미련 없이 버려. 그러면

$$1+2=3$$
$$1+2+4=7$$

$$1+2+4+8+16=31$$
$$1+2+4+8+16+32+64=127$$

이 돼. 이때 더한 마지막 수와 결과의 수를 곱하면 완전수를 얻을 수 있어. 즉, 첫줄에서 2×3=6, 둘째 줄에서 4×7=28, 셋째 줄에서 16×31=496, 넷째 줄에서 64×127=8128. 이런 방법으로 완전수를 얻을 수 있지."

"우와! 정말 신기한 규칙이야. 그런데 왜 이렇게 되는 거지?"

페르가 눈을 휘둥그레 뜬 채 감탄스러운 표정으로 물었다.

"그게 바로 네가 연구할 부분이야."

매씨가 입 꼬리를 치켜 올리며 말했다. 이제 자기는 쉬고 연구의 남은 부분은 페르에게 모두 맡기겠다는 뜻이었다.

"좋아, 나머지는 내가 해 볼게."

페르가 다부진 목소리로 말했다. 수학 영재의 자존심이 걸린 도전이었다. 두 사람은 저녁 식사 후에 다시 만나기로 하고 각자의 기숙사로 향했다. 페르는 저녁식사 시간 전까지 이 문제에만 매달렸다. 문제를 놓고 세 시간 동안이나 끈질

기계 씨름한 끝에 페르는 매씨의 추측을 증명하는 데 성공했다. 그러고는 다음과 같은 리포트를 가우싱 교수에게 전자메일로 제출했다.

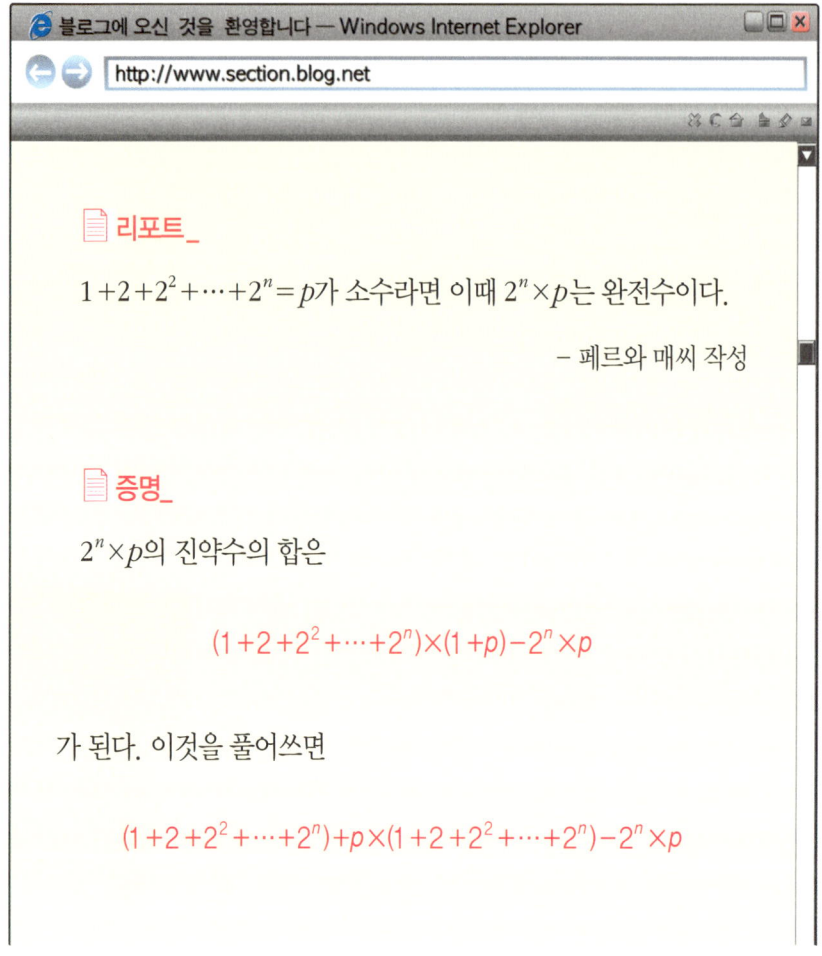

리포트_

$1+2+2^2+\cdots+2^n=p$가 소수라면 이때 $2^n \times p$는 완전수이다.

– 페르와 매씨 작성

증명_

$2^n \times p$의 진약수의 합은

$$(1+2+2^2+\cdots+2^n) \times (1+p) - 2^n \times p$$

가 된다. 이것을 풀어쓰면

$$(1+2+2^2+\cdots+2^n) + p \times (1+2+2^2+\cdots+2^n) - 2^n \times p$$

이다. 이 식을 다음과 같이 쓸 수도 있다.

$$(1+2+2^2+\cdots+2^n)+p\times(1+2+2^2+\cdots+2^{n-1})$$

이때, $1+2+2^2+\cdots+2^n=2^{n+1}-1$을 이용하면 위 식은

$$2^{n+1}-1+p\times(2^n-1)=p\times 2^n+(2^{n+1}-1)-p$$

가 된다. 여기서 $2^{n+1}-1=p$이므로 $2^n\times p$의 진약수의 합은 $2^n\times p$ 가 되어 $2^n\times p$ 는 완전수이다.

# 의문의 이메일 한 통

`배수 | ▼ 검색`

　매씨와 페르의 첫 번째 리포트는 매쓰브리지가 개교한 이래 가장 높은 점수인 10점 만점을 받았다. 리포트 점수가 짜기로 소문난 매쓰브리지에서 만점을 받았다는 것은 대단한 일이었다. 한국에서 온 두 학생에 대한 학교 측의 관심도 높아졌다. 가우싱 교수는 두 사람이 제출한 리포트가 세계 청소년 수학 논문집에 게재될 수 있도록 도와주었다.

　매씨와 페르의 매쓰브리지에서의 생활은 즐거운 나날의 연속이었다. 매쓰브리지에 오고 나서 첫 번째 주말이 되었다. 딱히 할 일이 없는 매씨는 페르의 방으로 갔다. 페르는 컴퓨터 게임에 열중하고 있었다.

"무슨 게임 하는 거니?"

매씨가 물었다.

"수학 천재 만들기라는 게임이야. 미로의 방에 갇힌 주인공이 수학 문제를 풀면서 길을 찾는 게임이야."

페르가 분주하게 키보드를 두들기면서 말했다.

"수학 영재는 별 수 없군. 게임도 수학 게임이라니……."

매씨는 혼잣말로 중얼거리며 페르의 책상의자에 앉았다. 간밤에 페르가 정수론을 공부한 흔적이 책상 위에 있는 연습장에 그대로 있었다.

"아!"

하는 탄식소리가 들렸다. 페르가 게임에 진 모양이었다. 페르는 게임 사이트를 빠져나와서는 자신의 노트를 보고 있는 매씨에게 소리쳤다.

"뭘 보는 거야?"

"네가 공부를 열심히 하는지 관리 감독하는 중이야."

매씨가 페르의 노트를 한 장씩 넘기면서 뒤도 돌아보지 않은 채 말했다.

"너나 잘하세요."

페르는 입을 삐쭉거리며 말했다.

"나는 잘하고 있답니다."

매씨도 존댓말로 대응했다. 두 사람 사이의 존댓말은 서로를 존대하기 위한 것이 아니라 오히려 약 올리기 위한 것으로 사용되었다. 매씨는 천천히 의자에서 일어나 뒤를 돌아보면서 페르에게 말했다.

"컴퓨터 좀 사용해도 돼? 메일 확인 좀 하게."

"네 컴퓨터는 어쩌고?"

페르가 썩 내키지 않는다는 듯 퉁명스럽게 되받았다.

"중요한 계산이 실행 중이어서 인터넷에 접속할 수 없거든."

매씨가 어깨를 으쓱하며 말했다.

"얼마나 중요한 계산인데?"

"지난번 우리 논문 있잖아. 완전수를 구하는 일반적인 공식 말이야. 그 공식을 프로그램으로 짜 보았어. 지금 내 컴퓨터는 열심히 완전수들을 찾고 있을 거야."

"재밌겠다. 얼마나 큰 완전수가 나올지 궁금하기도 하고. 과연 **홀수인 완전수**가 있을까?"

"내가 얼핏 보고 왔는데 아직까지 홀수인 완전수는 없었어."

"그렇다면 홀수인 완전수는 존재하지 않는다는 추측이 성립되겠군."

"증명을 해야지. 근데 컴퓨터는 빌려 줄 거야, 말 거야?"

매씨가 따지듯이 물었다.

"물론 빌려 주고말고. 우리의 위대한 첫 번째 논문을 위한 자료를 찾는다는 데 말이야."

페르가 입가에 엷은 미소를 띠며 매씨가 컴퓨터로 다가갈 수 있도록 길을 비켜주었다. 매씨는 페르를 못 본 체하고 컴퓨터 앞에 앉아 이메일을 확인하기 위해 아이디와 비번을 입력했다. 신규 메일 한 통이 와 있었다. 보낸 사람은 'terrow'라는 아이디를 사용하는 사람이었다.

"terrow가 누구지?"

매씨는 고개를 갸웃거렸다. 친구들 중에는 그런 아이디를 사용하는 사람이 없었기 때문이다. 매씨는 아무 생각 없이 신규 메일을 클릭했다. 잠시 후 컴퓨터 화면에 메일 내용이 나타났다.

"이게 뭐지?"

매씨는 신기한 듯 바라보았다. 보낸 사람이 secret으로 되어

TO: mathu@mathbridge.com

FROM: secret

작전이 시작되었다.
작전을 수행하라.
오늘밤.

4⊕1⊕3⊕2⊕2
4⊕0⊕2⊕3⊕1
3⊕1⊕4⊕3⊕0

있는데 처음 보는 이메일 주소였기 때문이다. 매씨가 혼잣말로 중얼거리자 페르가 관심을 보이며 다가왔다.

"연애편지라도 받으셨나?"

페르가 빈정거리는 투로 말하며 모니터를 응시했다. 그러고는 놀란 눈으로 매씨에게 되물었다.

"무슨 암호 같지 않아?"

"도저히 모르겠어. 나는 secret이라는 아이디를 가진 사람을 전혀 몰라."

"secret은 보낸 사람의 아이디가 아니야. 보낸 사람의 아이디를 비밀로 하면 마치 secret으로부터 온 것처럼 나타나지. 누가 메일을 잘못 보낸 거 아닐까? 일단 메일 초기화면으로 가 보자."

페르는 이렇게 말하고 매씨를 일어나게 한 후 자신이 모니터 앞에 앉아 홈페이지의 초기화면을 열었다. 화면의 왼쪽 위편에 'mathu님 로그인 중'이라고 씌어 있었다.

"네 아이디는 mathu가 아니라 mathy잖아?"

"응. 철자를 잘못 눌렀나 봐. u와 y는 키보드가 붙어 있잖아."

"어떻게 비밀번호까지 일치할 수 있지?"

"내 비밀번호가 좀 심플하거든."

"뭔데?"

"1234."

"우와! 아직도 1234를 비번으로 쓰는 원시인이 있구나."

페르가 놀리듯 말했다. 그 말에 기분이 상했는지 매씨가 샐쭉한 표정으로 페르를 노려보았다. 덜컥 겁이 난 페르는 메일 내용을 다시 읽어보며 거기에 몰두하는 척했다.

"우리 학교에 mathu라는 아이디를 가진 사람이 분명 있을 거야. 그 정도는 내가 해킹으로 알아낼 수 있지만 우선 저 숫자 암호가 뭘까? ⊕를 그냥 더하기로 계산하면 12, 10, 11을 나타내는데……."

페르는 심각한 얼굴로 말했다. 매씨도 오른손으로 턱을 괴고 고민에 빠졌다. 방 안에는 잠시 침묵이 흘렀다. 한 시간 정도 두 사람은 아무 말 없이 메일 속의 숫자들이 무엇을 나타내는가를 분석했다. 하지만 아무런 소득도 없이 매쓰브리지에서의 첫 번째 일요일이 흘러갔다.

다음날 아침, 매씨와 페르는 초췌한 모습으로 식당에 나타났다. 두 사람의 몰골로 보아 밤을 꼬박 샌 듯했다.

"매씨, 거울 안 보니? 다크 서클이 장난이 아니야."

페르가 눈 밑이 시커멓게 변한 매씨의 얼굴을 보고는 비아냥거렸다.

"사돈 남 말 하시네. 너는 다크 서클 정도가 아니라 아예 흑인이 되어버렸는데?"

지지 않고 매씨도 반격을 가했다.

"암호 때문이야."

"나도 그래. 하지만 이런 암호문은 처음 봐. 수학과 관련이 있을 것 같기는 한데……."

두 사람은 동시에 한숨을 내쉬었다.

아침식사는 햄과 스크램블, 우유였다. 간단하게 아침식사를 하고 두 사람은 수학 호숫가를 산책했다.

"밤새도록 암호 해독만 한 거야?"

매씨가 페르와 보조를 맞춰 걸으며 물었다.

"아니! 도저히 풀릴 것 같지 않아서 다른 문제를 연구했어."

페르가 대답했다.

"무슨 문제?"

"7의 배수 판정법."

"7의 배수 판정법이 있어? 처음 들어 보는데?"

매씨의 목소리가 조금 커졌다.

"이 몸이 만들었지. 내 블로그에 올려놓을 예정이야."

페르가 어깨를 으쓱거리며 말했다.

"어떤 내용인데?"

"우선은 다섯 자릿수에 대한 7의 배수 판정법을 발견했어. 아무 거나 다섯 자릿수를 대 봐."

"20824."

"좋아. 뒤의 세 자릿수에서 앞의 두 자릿수를 빼 봐."

"824-20=804."

"804가 7의 배수야?"

"아니."

"그러면 20824도 7의 배수가 아니야."

"정말?"

매씨는 페르의 말에 약간 의구심을 품었다. 그러고는 20824를 7로 직접 나누어 보았다. 페르의 말대로 나누어떨어지지 않았다.

"신기한 규칙이네. 그럼 20825는 7의 배수겠다. 825-20=805는 7의 배수이니까."

"물론이야."

페르는 이렇게 말하고는 넷북을 꺼내 자신의 블로그를 보여주었다. 블로그의 최신 수학 연구 논문을 클릭하자 다음과 같은 논문이 나타났다.

### 다섯 자릿수의 7의 배수 판정법에 대한 연구

— 페르, KOREA

임의의 다섯 자릿수에서, 뒤의 세 자릿수에서 앞의 두 자릿수를 뺀 수가 7의 배수이면 원래의 수는 7의 배수이다.

#### 증명_

임의의 다섯 자릿수를 abcde라고 하자. 이것을 10의 거듭제곱으로 나타내면

$$a \times 10000 + b \times 1000 + c \times 100 + d \times 10 + e$$

가 된다. 이때 $143 \times 7 = 1001$, $1430 \times 7 = 10010$을 이용하면 위의 식은

$$a \times (1430 \times 7 - 10) + b \times (143 \times 7 - 1) + c \times 100 + d \times 10 + e$$

가 되고, 정리하면

$$a \times 1430 \times 7 + b \times 143 \times 7 + c \times 100 + d \times 10 + e - (a \times 10 + b)$$

가 되는데, 이 중 앞의 두 항은 7의 배수이므로 나머지 항이 7의 배수이면 주어진 수는 7의 배수가 된다. 그러므로 abcde가 7의 배수가 되려면

$$c \times 100 + d \times 10 + e - (a \times 10 + b)$$

가 7의 배수이면 된다. 위의 식은 $cde - ab$를 나타내므로 뒤의 세 자릿수에서 앞의 두 자릿수를 뺀 수가 7의 배수이면 주어진 다섯 자릿수는 항상 7의 배수가 된다.

– 증명 끝

매씨는 페르의 블로그와 첫 번째 연구 성과가 너무도 부러웠다. 샘이 많은 매씨는 페르와 헤어지고 나서 기숙사에 틀어박힌 채 하루 종일 자신의 블로그를 만들고는 블로그에 올릴만한 수학을 연구했다.

4-1 (5)혼합계산 | 5-가 (1)배수와 약수

# 사라진 가우싱 교수

잉여류 | ▼검색

　다음날 아침, 학교가 무척 소란스러웠다. 매씨와 페르는 식당으로 가다가 2동 건물 앞에 경찰차가 와 있는 것을 보고 걸음을 멈추었다.
　"무슨 일이 생긴 건가?"
　매씨가 걱정스러운 듯 떨리는 목소리로 물었다.
　"글쎄, 매쓰브리지에 경찰이 올 일은 없을 텐데."
　페르는 남자답게 대수롭지 않은 척했다. 하지만 속으로는 떨고 있었다. 두 사람은 어떤 사건이 일어났는지 궁금한 마음에 잰걸음으로 2동까지 갔다. 2동은 교수들의 연구실이 있었다.

"무슨 일이 일어났나요?"

매씨가 경찰 중 한 명에게 물었다.

"가우싱 교수가 행방불명 됐어."

경찰이 무표정한 얼굴로 대답했다. 하지만 그의 얼굴은 잔뜩 굳어 있었다.

정수론에 대해서는 세계 최고의 권위자로 일컬어지는 가우싱 교수는 정수론의 미해결 문제를 풀기 위해 밤새도록 연구에 열중하고 있었다. 몇 년 전 교통사고로 아내를 잃은 가우싱 교수는 연구실에서 먹고 자는 일이 허다했다. 2동 경비의 증언에 의하면 그날도 가우싱 교수는 구내 스낵코너에서 샌드위치와 우유를 사들고 자정쯤에 자신의 연구실로 들어갔다고 한다. 가우싱 교수의 비서가 다음 주부터 시작되는 국제 정수론학회에 대해 보고하기 위해 가우싱 교수의 방으로 간 것이 오전 여덟 시라고 한다. 아무리 노크를 해도 대답이 없기에 비서가 문을 열고 들어가 보니 가우싱 교수가 없었다고 했다. 추측컨대 가우싱 교수가 사라진 시간은 자정부터 오전 여덟 시 사이로 볼 수 있었다.

"도대체 어딜 가신 거지?"

페르가 로댕의 생각하는 사람처럼 오른손을 턱에 괴고 고민에 잠긴 채 말했다.

"훌쩍 혼자 여행이라도 떠나신 건 아닐까? 여행을 좋아하시잖아."

매씨가 단순하게 추리했다. 하지만 매씨의 가설도 인정할 만했다. 혼자 있기를 좋아하는 가우싱 교수의 유일한 취미는 여행이었다. 하지만 다음 주면 세계적으로 권위 있는 학회가 열리고 논문 발표도 해야 하는 마당에 가우싱 교수가 갑자기 여행을 떠났다는 것은 좀체 믿어지지 않았다. 경찰은 이 사건을 그리 대단한 일이 아닌 것으로 받아들였다. 가우싱 교수가 어린아이도 아닌데 가출했을 리가 없으므로 단순히 머리를 식히기 위해 여행을 떠난 것으로 생각한 것이다.

경찰은 현장 사진을 몇 장 찍은 후에 모두 철수했다.

"연구실에 가 보자."

페르가 매씨에게 제안했다.

"가서 뭐하게?"

매씨가 턱을 치켜 올리며 물었다.

"뭔가 흔적이 있을지 모르잖아. 워낙 암호 만들기를 좋아하시는 분이니까 암호로 된 메시지가 있을지도 몰라."

페르가 말했다.

장난기 많은 가우싱 교수는 학생들에게 내주는 리포트 문제를 암호문으로 만들어 암호를 해독하지 못하면 리포트를 낼 수 없게 만드는 것으로 유명했다. 그래서인지 학생들 사이에서 그는 코드 교수로 불린다. 그가 내는 암호는 단순한 암호문이 아니라 어려운 수학을 이용한 창작 암호이기 때문에 수학적인 내용을 알지 못하면 암호를 풀기 어려웠다. 그래서 그의 강의에는 수강생들 중 절반 이상이 리포트를 내지 못하는 일이 비일비재했다.

"좋아. 가 보자."

매씨가 고개를 끄덕이며 말했다. 두 사람은 2동 건물로 들어갔다. 입구에서 경비가 어디에 가냐고 묻자, 2층의 다른 교수가 호출해서 왔다고 거짓말을 했다. 경비는 아무 의심 없이 두 사람을 들여보내 주었다. 두 사람은 조심조심 2층으로 올라갔다. 2층에는 열 개의 연구실이 있었다. 호실 번호는 201호부터 210호까지였다. 가우싱 교수의 방은 201호였다. 두 사람은 2층으로 올라가 오른쪽 복도를 따라 걸어갔다. 맨 끝이 가우싱 교수의 방이었다.

문에는 '출입금지'라고 쓴 메모지가 붙어 있었지만 두 사람은 무시하고 손잡이를 천천히 돌렸다. 다행히 문은 열려 있었다. 두 사람은 연구실 안으로 들어갔다. 커다란 책상 한 개와 의자가 있고 벽들은 온통 화이트보드로 이루어져 있었다. 책상에 앉아 있기보다는 서서 계산하기를 좋아하는 가우싱 교수는 유리창이 있는 한 면을 제외한 나머지 세 면에 붙어 있는 화이트보드에 마커펜으로 계산하는 것을 즐겼다. 그러면 회전의자에 앉아 빙글빙글 돌면서 자신이 계산하고 있는 내용을 한눈에 알아볼 수 있기 때문이었다.

두 사람은 화이트보드의 계산 내용을 쫓아갔다. 소수의 분포에 대한 리만 가설의 일부를 수정하는 내용인 듯했다. 계산 과정은 미완성이었는데 이상하게도 마지막 계산을 한 곳 다음에 내용과 관계없는 수식이 씌어 있었다. 수식은 다음과 같았다.

$$7\times4+2\times3+4\times2+6\times3+6\times3+5\times3+6\times1+$$
$$2\times1+7\times4+8\times1+3\times2+7\times3$$

"저게 바로 다잉 메시지야."

페르가 굉장한 발견이라도 한 듯 크게 소리를 질렀다. 그 소리를 듣고 옆방에 있던 가우싱 교수의 비서가 들어왔다.

"너희들 여기서 뭐하는 거니?"

비서가 두 사람을 노려보며 말했다. 페르는 칠판에 씌어 있는 다잉 메시지를 휴대전화로 찍었다. 순간 납치 사건이 아닐까 하는 생각이 문득 떠올랐다. 다잉 메시지는 가우싱 교수가 범인에 대해 암시하는 암호문일 가능성이 있었다.

두 사람은 결국 비서에게 쫓겨나 건물 밖으로 나왔다. 두 사람 사이에는 잠시 침묵이 흘렀다. 먼저 침묵을 깬 사람은 페르였다.

"다잉 메시지가 의미하는 바가 뭘까?"

"교수님이 돌아가신 것도 아니니까 다잉 메시지라고 부르지 마. 그냥 메시지라고 해."

매씨가 언짢은 듯 말했다. 페르가 교수님이 죽기라도 한 것처럼 다잉이라는 단어를 자꾸 사용하는 것이 못마땅했기 때문이다.

"이참에 우리 탐정단이라도 만들까?"

페르가 제안했다.

"너하고 내가?"

매씨가 어이없다는 듯 되물었다. 하지만 내심으로는 하고 싶어 하는 눈치였다. 즉시 페르와 매씨는 매쓰브리지 수학 탐정단을 만들었다. 가우싱 교수의 납치 사건이 수학과 관련되어 있을 거라는 생각에 두 사람의 호기심이 발동했기 때문이다.

"좋아, 그럼 일의 순서를 정하자. 먼저 교수님이 남긴 메시지를 해독해야 해."

매씨가 눈을 가늘게 뜨며 말했다. 영화에서 보면 노련한 탐정은 눈을 가늘게 뜨고 예리한 추리를 하기 때문이었다. 페르는 매씨의 그런 행동에 익숙하지는 않았지만 그저 귀여운 듯 바라보기만 했다.

가우싱 교수가 남긴 메시지는 쉽게 풀릴 것 같지는 않았다. 두 사람은 점심식사를 하고 페르의 방에서 다시 만났다. 페르의 방에 들어오자마자 자신의 전자메일함을 열어보던 매씨는

"참! 어제 이상한 암호메일이 있었지?"

하고 소리쳤다.

"맞아. 그 메일과 교수님의 납치 사건이 무슨 관계가 있을지도 몰라."

페르는 교수의 납치를 기정사실화했다.

두 사람은 어제 잘못 들어간 전자메일 속의 이상한 수식을 화이트보드에 옮겨 적었다.

$$4 \oplus 1 \oplus 3 \odot 2 \oplus 2$$

$$4⊕0⊕2⊕3⊕1$$
$$3⊕1⊕4⊕3⊕0$$

그러고는 냉장고에서 주스를 꺼내 마시며 보드를 노려보았다.

"사용된 숫자들이 0, 1, 2, 3, 4뿐이야."

페르가 전체를 훑어보더니 첫 번째 발견한 내용에 대해 얘기했다.

"그렇다면 5진법?"

매씨가 머릿속에 떠오른 것을 말했다.

"**잉여류**일지도 몰라."

"그게 뭔데?"

"모든 자연수는 홀수와 짝수로 나눌 수 있어. 이때 짝수는 2로 나눈 나머지가 0인 수이고 홀수는 나머지가 1인 수야. 수를 이렇게 분류하는 것을 잉여류라고 하는데 홀수와 홀수를 더하면 짝수가 된다는 것을

$$1⊕1 = 0$$

이라고 쓸 수 있어."

"1+1=2잖아?"

매씨가 잘 이해가 안 된다는 표정으로 말했다.

"⊕는 보통의 더하기가 아니야. 1⊕1이란 2로 나눈 나머지가 1인 수와 2로 나눈 나머지가 1인 수를 더했을 때 나머지가 얼마가 되는가를 묻는 연산이야. 이렇게 자연수를 2로 나눈 나머지로 분류하면 0과 1이라는 두 개의 수만 나타나지."

"그럼 이 암호는 자연수를 5로 나눈 나머지로 분류한 거네. 0은 나머지가 0인 수들을, 1은 나머지가 1인 수들을, 2는 나머지가 2인 수, 3은 나머지가 3인 수, 4는 나머지가 4인 수 말이야."

"그런 것 같아."

페르가 눈을 반짝이며 매씨에게 수긍한다는 신호를 보냈다. 두 사람은 5의 잉여류 셈으로 암호 속의 세 연산을 계산했다. 첫 번째 줄에서 4⊕1은 5로 나눈 나머지가 4인 수와 나머지가 1인 수의 합이므로 나머지가 0인 수가 된다. 그러므로 4⊕1=0이다. 따라서

$$4 \oplus 1 \oplus 3 \oplus 2 \oplus 2 = 0 \oplus 3 \oplus 2 \oplus 2$$

가 되고, 0⊕3은 나머지가 0인 수와 나머지가 3인 수를 더한 것

이므로 0⊕3=3이 된다. 그러므로

$$0⊕3⊕2⊕2 = 3⊕2⊕2$$

가 되고, 같은 방법으로 계산하자

$$3⊕2⊕2 = 0⊕2 = 2$$

가 되었다. 두 사람은 5로 나누었을 때의 잉여류의 셈으로 암호 속에 있는 세 식을 계산했다.

$$4⊕1⊕3⊕2⊕2 = 2$$
$$4⊕0⊕2⊕3⊕1 = 0$$
$$3⊕1⊕4⊕3⊕0 = 1$$

"201?"

두 사람이 동시에 소리쳤다. 201은 바로 가우싱 교수의 연구실 번호였기 때문이다.

# 다잉 메시지

| 홀수와 짝수의 성질 | ▼ 검색 |

다음날부터 두 사람은 수업을 마친 후에 페르의 방에서 만났다. 메일을 보낸 사람을 추적하기 위해서였다. 컴퓨터에 자신이 없는 매씨는 다잉 메시지에 대해 고민하고, 페르는 메일을 추적하기로 했다. 매쓰브리지 영재학교의 내부 메일이어서 해킹으로 서버에 침투하기만 하면 되는 일이었다. 하지만 너무 오랜 시간을 지체하다간 해킹을 하는 곳의 위치가 발각되어 어렵게 입학한 학교에서 쫓겨날지도 몰랐다. 그것은 두 사람의 불명예를 넘어서 한국의 망신이기 때문에 키보드를 조작하는 페르의 손은 잔뜩 긴장되어 있었다.

하지만 다섯 살 때부터 컴퓨터의 기계어를 공부한 페르에게 작은 규모의 매쓰브리지 서버에 침투하는 것쯤은 아무 일도 아니었다.

"잘돼 가?"

페르의 침대에 누운 채 뚫어져라 다잉 메시지를 보고 있던 매씨가 물었다.

"아직 시작도 안 했어. 흔적을 남기지 않으려면 충분히 연구를 하고 나서 짧은 시간 안에 내용을 보고 빠져나와야 해. 자칫 길어지기라도 하면 전산실에서 IP를 추적해 우리가 해킹했다는 것이 발각되고 말 거야."

페르가 해킹 프로그램을 찬찬히 살피며 말했다.

"우리가 아니라 너지."

"넌 빠지겠다는 거야?"

"해킹은 범죄잖아. 난 범죄가 싫어."

"메일을 보낸 사람이 누구인지를 알아내야 가우싱 교수님을 찾을 거 아니야? 이건 좋은 일을 위해 하는 해킹이야. 장난으로 남의 정보를 알아내는 것과는 다른 차원의 문제라고."

페르가 잔뜩 화가 난 목소리로 말했다. 침대에 편하게 누워서

수식만 뚫어져라 쳐다보고 있는 매씨에게 범죄자 취급을 당하는 게 몹시 기분이 상한 듯했다.

페르는 토라진 입을 샐쭉 내밀며 다시 모니터를 응시했다. 모니터에는 알파벳과 숫자들로 빼곡했다. 컴퓨터의 원시적인 언어인 기계어였다. 숙달된 모습으로 자판을 두드리던 페르가 갑자기 소리쳤다.

"도착했어."

그 소리에 놀란 매씨가 침대에서 벌떡 일어나 총알같이 달려왔다. 그리고는 페르의 뒤에 서서 모니터를 쳐다보았다. 모니터에는 다음과 같은 화면이 떠 있었다.

"입장하기를 눌러 봐."

매씨가 재촉했다.

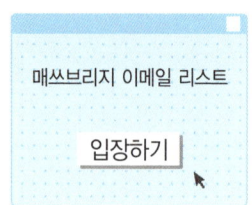

"알았어."

페르는 마우스로 입장하기를 클릭했다. 그러자 원하는 이메일 아이디 사용자 주소가 나온 것이 아니라 이상한 화면이 나타났다.

다음 지시를 30초 안에 수행하시오.
$1+2^2+3^3+4^4+5^5+6^6+7^7+8^8+9^9+10^{10}$이 짝수이면 0을, 홀수이면 1을 누르시오.
30초를 넘기면 해킹으로 간주하고 자동 IP 추적 명령을 지시합니다.

"뭐야, 암호가 있었어? 저걸 계산하려면 30초로는 턱없이 모자라는데……."

페르가 놀란 눈으로 모니터를 들여다보며 아쉬운 듯 말했다.

"홀수와 짝수의 성질을 이용하면 돼."

매씨가 담담한 어조로 말했다.

"어떤 성질?"

"홀수와 홀수를 더하면 짝수가 되고 홀수와 짝수를 더하면 홀수가 돼. 그리고 짝수와 짝수를 더하면 짝수가 되지. 그러니까 여러 개의 수를 더할 때 홀수의 개수가 홀수 개이면 전체는 홀수가 되고 짝수 개이면 전체는 짝수가 되는 거야."

"그렇다 해도 $9^9$을 계산하려면 시간이 엄청 걸리잖아?"

페르는 자판에서 손을 떼지 않았다. 여차하면 빠져나가 IP 추적을 당하지 않기 위해서였다.

"바보야, 홀수를 여러 번 곱하면 홀수가 되니까 홀수의 거듭제곱인 1, $3^3$, $5^5$, $7^7$, $9^9$은 모두 홀수야. 그리고 짝수의 거듭제곱은 항상 짝수이니까 주어진 식에는 홀수가 다섯 개, 짝수가 다섯 개야. 그러니까 전체적으로는 홀수가 돼."

매씨는 이렇게 말하고는 손을 뻗어서 1을 누른 후 입력키를 눌렀다.

그러자 알파벳순으로 이메일 아이디와 아이디의 사용자 이름이 나타났다. 페르는 조심스럽게 마우스를 스크롤해 mathu에 해당하는 줄을 찾았다.

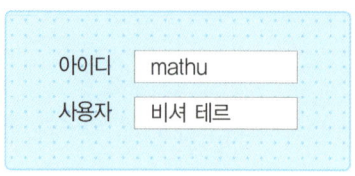

"비셔 테르?"

두 사람이 동시에 소리쳤다. 두 사람은 비셔 테르의 이름을 수첩에 기록하고 해킹 작업을 중단했다.

그날 밤 매씨는 다음과 같은 논문을 자신의 블로그에 올렸다.

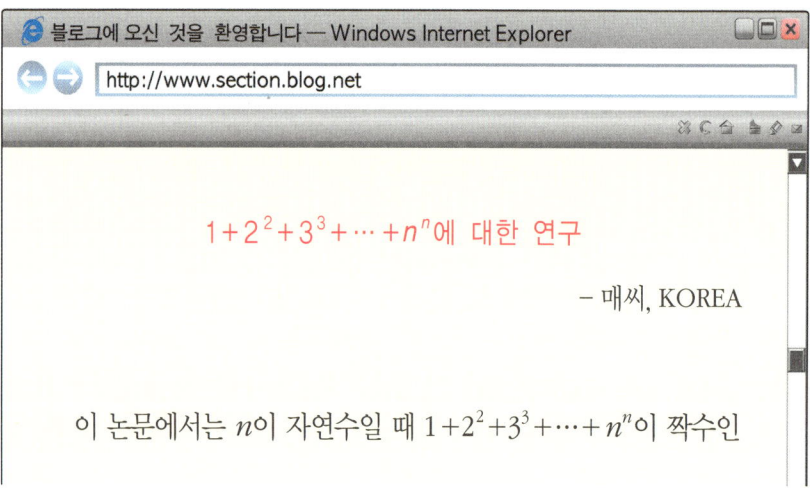

지 홀수인지를 조사한다. 우선 자연수는 홀수와 짝수로 나눌 수 있으므로 두 경우를 따로 조사한다.

먼저 $n$이 짝수인 경우를 보자.

짝수의 거듭제곱은 항상 짝수이므로 $2^2$, $4^4$, $\cdots$, $(n-2)^{n-2}$, $n^n$은 모두 짝수이다. 한편 홀수의 거듭제곱은 홀수이므로 $1$, $3^3$, $5^3$, $\cdots$, $(n-1)^{n-1}$은 모두 홀수이다. 그러므로 홀수인 항은 $\dfrac{n}{2}$개이고 $n$은 짝수이므로 $\dfrac{n}{2}$은 자연수이다. 이때 $\dfrac{n}{2}$이 짝수이면 $1+2^2+3^3+\cdots+n^n$은 짝수이고, $\dfrac{n}{2}$이 홀수이면 $1+2^2+3^3+\cdots+n^n$은 홀수가 된다.

이번에는 $n$이 홀수인 경우를 보자.

짝수의 거듭제곱은 항상 짝수이므로 $2^2$, $4^4$, $\cdots$, $(n-3)^{n-3}$, $(n-1)^{n-1}$은 모두 짝수이다. 한편 홀수의 거듭제곱은 홀수이므로 $1$, $3^3$, $5^3$, $\cdots$, $(n-2)^{n-2}$, $n^n$은 모두 홀수이다. 그러므로 홀수인 항은 $\dfrac{n+1}{2}$개이고 $n$은 홀수이므로 $\dfrac{n+1}{2}$은 자연수이다. 이때 $\dfrac{n+1}{2}$이 짝수이면 $1+2^2+3^3+\cdots+n^n$은 짝수이고, $\dfrac{n+1}{2}$이 홀수이면 $1+2^2+3^3+\cdots+n^n$은 홀수가 된다.

# 미래의 과학 탐정들

암호 숫자 | ▼ 검색

다음날 아침식사 시간에 페르가 매씨에게 귓속말을 했다.

"뭐라고?"

매씨가 놀라서 큰 소리로 외쳤다. 그러자 주위에서 조용히 식사하고 있던 다른 학생들이 두 사람을 이상한 눈빛으로 쳐다보았다. 매씨는 창피한 마음에 식사를 멈추고 페르의 손을 끌고 밖으로 나왔다.

"다시 한 번 말해 봐."

매씨가 다그치듯 말했다.

"다잉 메시지를 풀 수 있을 것 같아."

페르가 담담하게 말했다.

"다잉이라는 단어는 쓰지 말라니까."

"앗! 나의 실수. 교수님이 남기신 메시지를 해독할 수 있을 것 같아."

"뭔데?"

"일단 교수님의 연구실로 가 보자."

페르는 이렇게 말하고는 총총걸음으로 가우싱 교수의 연구실로 갔다. 매씨는 영문도 모른 채 페르를 뒤따라갔다. 건물 안으로 들어간 두 사람은 긴 복도를 지나 가우싱 교수의 연구실로 다가갔다. 그때 연구실 안에서 두 사람이 대화하는 소리가 들렸다. 문은 반쯤 열려 있었다.

"누가 있나 봐."

매씨가 조용히 말했다.

페르는 몸을 문 뒤로 숨기고 고개만 내밀어 방 안을 살폈다. 갈색 구레나룻에 팔자 콧수염이 있는, 얼굴이 동그란 40대 남자와 교장이 심각한 표정으로 대화를 나누고 있었다. 페르와 매씨는 숨을 죽인 채 두 사람의 대화를 엿들었다.

"가우싱 교수는 가족이 있나요?"

남자가 물었다.

"없습니다. 오로지 연구만 하는 사람이라 여자랑 데이트하는 것도 본 적이 없어요."

교장이 대답했다.

"최근에 가우싱 교수에게 무슨 일이 생기지는 않았나요? 연구가 잘 안 된다든가 아니면 동료 교수와 불화가 있거나……"

"가우싱 교수는 연구실 밖으로 잘 나가지 않았어요. 식사 시간도 아깝다고 연구실에서 피자를 시켜 먹으면서도 칠판에 계속 써 가며 계산을 하는 사람이지요."

"그렇다면 갑자기 마음이 울적해져서 혼자 여행이라도 떠난 게 아닐까요?"

"그럴 리가요? 내가 아는 한 가우싱 교수는 기차든 버스든 어떤 걸 타도 멀미가 심해 학회 참석을 제외하고는 장거리 여행은 여간해선 잘 하지 않는 편이에요."

"그렇군요."

남자는 교장과의 대화 내용을 조그만 수첩에 기록했다.

"에취!"

갑자기 페르가 재채기를 했다. 그 소리에 방 안에 있던 두 사람이 동시에 페르를 쳐다보았다.

"저 소년은 누구죠?"

남자가 교장에게 물었다.

"우리 학교 학생인 페르 군이에요. 한국에서 왔지요."

교장이 기분이 언짢은 얼굴로 말했다. 남자는 페르에게 방으로 들어오라고 손짓을 했다. 하는 수 없이 페르는 고개를 떨어뜨린 채 방 안으로 들어갔다. 호기심 많은 매씨도 뒤따라 들어갔다.

"난 가우싱 교수의 실종사건을 담당하고 있는 셤즈 형사다. 너희들은 왜 이 방을 기웃거리고 있었던 거지?"

남자가 눈에 힘을 주고 두 사람을 노려보며 물었다.

"교수님은 실종된 게 아니라 납치된 거예요."

페르가 단호하게 말했다.

"납치?"

셤즈 형사가 깜짝 놀란 얼굴로 페르에게 되물었다.

"네. 누군가 납치한 게 틀림없어요."

페르가 강한 어조로 말했다.

"무슨 근거로 납치라고 주장하는 거지?"

"다잉 메시지 때문이죠. 저길 보세요."

페르는 칠판의 맨 아래쪽에 씌어 있는 수식을 가리켰다.

"곱하기가 많이 있는 식 말이니?"

"네."

"그게 뭐? 수학식이 어떻게 다잉 메시지가 된다는 거지?"

셤즈 형사가 칠판 쪽으로 한걸음에 다가가며 뒤에 있는 페르에게 물었다.

"그 수식은 앞에 있는 수식과 연결되지 않아요. 그 이전까지의 수식들은 모두 리만의 소수 분포 정리에 관한 내용들이에요. 상당히 수준이 높은 내용이지요. 하지만 갑자기 초등학생도 알 수 있는 곱셈식이 나온다는 게 이상하잖아요?"

페르가 고개를 빳빳하게 세운 채 형사의 등에 대고 말했다. 그러자 형사는 고개를 돌려 페르와 시선을 맞추곤 싱긋 웃으며 말했다.

"어차피 둘 다 수학식인데 연결되고 안 되고가 어디 있어? 중간 계산을 하기 위한 식인지도 모르잖아?"

"그럴 리 없어요. 리만의 분포 정리에 저런 말도 안 되는 곱셈식이 중간 계산으로 사용될 리가 없어요."

페르가 당찬 표정으로 말했다.

"그건 네 생각이고. 저게 다잉 메시지라는 걸 증명한다면 네 의견을 참고해 보도록 하지."

형사는 대수롭지 않는 의견이라는 듯 툭 내뱉었다.

그때 조용히 두 사람의 대화를 듣고 있던 교장이 두 사람에게 다가와 말했다.

"셤즈 형사님, 저는 회의가 있어서 그만 가봐야겠습니다. 그럼 수사 잘 부탁드립니다."

"그러세요. 저는 현장을 좀 더 조사하다가 가겠습니다."

셤즈 형사는 교장에게 정중하게 인사했다.

이제 교장이 사라진 교수의 연구실에는 세 사람만이 남아 있었다.

"이제 너희들도 가서 공부해야지?"

셤즈 형사가 인자한 얼굴로 두 사람에게 말했다. 그때 칠판 옆을 두리번거리면서 무언가를 찾고 있던 페르가 고개를 돌려 형사에게 말했다.

"잠깐만요."

"무슨 증거라도 찾았니?"

형사가 싱긋 웃으며 말했다. 셤즈 형사는 페르의 추리를 무시하는 듯한 표정이었다.

"이 전화기를 보세요."

페르는 손가락으로 전화기를 가리켰다.

셤즈 형사와 매씨는 전화기 앞으로 다가갔다. 형사는 전화기를 이리저리 쳐다보더니 페르를 쳐다보며 말했다.

"특별한 건 없잖아. 그리고 조금 전에 전화기에 있는 지문을 조사했는데 교수의 지문 이외에는 발견된 지문이 없어. 그런데 이게 무슨 증거가 된다는 거지?"

"교수님은 전화기의 버튼에 씌어 있는 숫자들을 이용해 다잉 메시지를 남긴 거예요. 이 다잉 메시지는 그러니까 교수님을 납치한 사람을 나타낼 거예요."

페르는 이렇게 말하고는 다시 칠판에 적힌 맨 마지막 수식을 손가락으로 가리켰다.

$$7\times4+2\times3+4\times2+6\times3+6\times3+5\times3+6\times1+\\2\times1+7\times4+8\times1+3\times2+7\times3$$

페르는 전화기 버튼의 그림을 칠판에 그렸다.

그러고는 천천히 입을 열었다.

"7 밑에는 네 개의 알파벳 P, Q, R, S가 있어요. 교수님은 이것들을 숫자로 나타내기 위해 첫 번째 알파벳인 P는 7×1, 두 번째 알파벳인 Q는 7×2, 세 번째 알파벳인 R은 7×3, 네 번째 알파벳인 S는 7×4로 나타낸 거예요. 그러니까 7×4는 S를 나타내고, 같은 방법으로 2×3은 C를 나타내지요. 즉, 이 암호를 풀면 SCHOOL MASTER가 되어 교장을 나타내지요."

"하지만 우연의 일치인지도 모르잖아?"

형사가 고개를 절레절레 흔들며 말했다. 처음 접해 보는 수식 암호가 낯설기 때문인 듯했다. 하지만 셤즈 형사는 이미 페르의 비범함을 충분히 느끼고 있었다.

"물론 교수님이 뭔가를 계산하기 위해 이런

식을 써 놓을 수도 있었겠지요. 하지만 교수님의 연구 분야로 봤을 때 이런 유치한 계산이 필요할 것 같지는 않아요. 그리고 전화기의 철자들과 정확히 일치하잖아요?"

페르가 단호하게 말했다. 섐즈 형사는 아직도 암호가 교장을 뜻한다는 게 믿기지 않는 눈치였다.

교수의 연구실을 나오자 섐즈 형사는 페르와 좀 더 얘기를 나누고 싶어 하는 눈치였다. 섐즈는 두 사람을 흘깃 보며 말했다.

"멀티콘이나 먹으러 갈까? 미래의 과학 탐정님들?"

멀티콘은 하나의 콘 안에 여러 종류의 아이스크림이 섞여 있어 먹을 때마다 다른 맛이 나서 요즘 최고의 인기를 누리고 있었다. 페르와 매씨는 주저하지 않고 큰 소리로 "네!" 하고 동시에 대답했다.

세 사람이 들어간 가게는 가우싱 교수의 연구실이 있는 건물에서 그리 멀지 않았다. 세 사람은 창가 쪽에 있는 테이블에 앉아 멀티콘 세 개를 주문했다. 잠시 후 종업원이 세 사람 앞에 먹음직스러워 보이는 세 개의 멀티콘을 내려놓았다. 페르와 매씨는 누가 먼저랄 것도 없이 잽싸게 멀티콘을 집어 입 안에 넣었다. 두 사람은 마치 빨리 먹기 대회라도 하는 것처럼 게걸스럽게 먹어치웠다. 섬즈 형사의 멀티콘은 아직 절반 이상이나 남아 있었다.

"한 개씩 더 먹어야겠지?"

섬즈 형사가 인자한 미소를 지으며 말했다.

"그렇죠? 저흰 한참 먹어야 할 나이죠."

페르가 애교 섞인 목소리로 말했다. 섬즈 형사는 종업원에게 멀티콘 두 개를 더 주문했다. 잠시 후 종업원이 한손에 두 개의 멀티콘을 들고 다른 한손에는 수첩을 들고 테이블로 다가오더니 멀티콘 두 개를 테이블에 내려놓고 섬즈 형사에게 조용히 말했다.

"볼펜 좀 빌려 주시겠어요?"

"그러죠."

섬즈 형사는 주머니를 뒤적거려 볼펜을 찾았다. 그때 종업원의 휴대폰 벨이 울렸다. 종업원은 테이블 옆에 선 채 전화기로 누군가와 통화했다.

"이번 주 멀티콘 일일 판매 평균을 계산하는 중이에요. 계산할 때마다 답이 다르게 나와서 손님에게 볼펜을 빌려서 다시 해 본 다음에 보고할 게요."

사장과 나누는 통화인 듯했다.

"평균을 계산하시는 거예요?"

페르가 종업원에게 물었다.

"그런데?"

종업원이 어리둥절한 표정으로 대꾸했다.

"장부 좀 볼 수 있을까요?"

페르의 말에 종업원은 어리둥절한 표정으로 수첩을 건네주었다. 지난 일주일 동안 판매된 멀티콘의 개수가 표시되어 있었다.

998개, 1001개, 997개, 1003개, 999개, 1000개, 1002개

"일일 평균 판매 개수는 1,000개예요."

페르가 수첩을 보자마자 말했다.

"어떻게 그렇게 빨리 계산하지?"

종업원이 어리둥절한 표정으로 물었다.

"가평균을 이용하면 머릿셈으로 할 수 있어요."

매씨가 빙긋 웃으며 말했다.

"일곱 개의 자료값이 있을 때의 평균은 일곱 개의 자료값을 모두 더한 값을 7로 나누면 되요. 하지만 지금처럼 양이 1000과 엇비슷할 때는 1000을 가평균으로 선택한 다음 편차를 따져서 편차의 평균을 가평균 1000에 더해 주면 되요."

페르의 말이 끝나기가 무섭게 매씨가 끼어들었다.

"이때 편차는 자료값에서 평균을 뺀 것을 말하지요. 그것을 써 보면

$$-2,\ 1,\ -3,\ 3,\ -1,\ 0,\ 2$$

이니까 편차의 합은 $(-2)+1+(-3)+3+(-1)+0+2=0$이 되어 편차의 평균은 0이 되요. 가평균에 0을 더한 값이 평균이 되지요. 그러니까 일곱 개의 자료값의 평균은 1,000개가 되는 거예요."

페르가 자신 있게 설명했다. 종업원은 존경스런 눈빛으로 페르를 쳐다보더니 휴대폰으로 사장에게 일일 평균 판매량이 1,000

개라는 문자 메시지를 보냈다. 잠시 후 한 개의 멀티콘이 다시 테이블에 놓였다.

"우린 하나 더 시키지 않았는데요."

페르가 종업원을 멀뚱멀뚱 쳐다보며 말했다.

"내 일을 도와준 것에 대한 감사의 표시야."

종업원은 상냥하게 미소를 짓더니 다시 주방으로 돌아갔다. 페르는 아직 절반이 남아 있는 멀티콘을 오른손에, 새로운 멀티콘을 왼손에 들고 쌍권총을 든 카우보이처럼 어깨를 으쓱거렸다.

# 청소부로 변장한 매씨

오류검증번호 | ▼ 검색

"교장과 비셔 테르. 어떤 관계가 있는 거지?"

페르는 기숙사 침대에 누워 두 사람 사이의 연관 관계를 찾으려고 애썼다. 오늘은 오전 수업이 없어서 아침식사도 거른 채 눈을 뜨자마자 이 문제를 골똘히 생각하는 중이었다. 하지만 아무리 생각해도 두 사람 사이의 연관성을 찾을 수 없었.

그때 갑자기 문이 열리더니 매씨가 들어왔다.

"아침도 안 먹고 뭐하고 있어? 이거라도 먹어."

매씨는 아침식사 때 나온 조그만 케이크와 우유를 페르에게 건네며 말했다.

"아참! 매씨, 교장 선생님 이름이 뭐지?"

침대에 누워 있던 페르가 몸을 일으키며 물었다.

"조지앙 테르야."

매씨가 침착하게 대답했다.

"테르?"

페르가 깜짝 놀란 얼굴로 매씨를 바라보며 소리쳤다.

"왜?"

매씨가 어안이 벙벙한 표정으로 물었다.

"비셔 테르, 조지앙 테르? 성이 테르로 일치하잖아? 가족 같은 냄새 안 나?"

페르가 의미심장한 미소를 지으며 말했다.

"테르는 흔한 이름이잖아? 지난번에 네가 출력한 아이디 리스트에도 테르라는 성을 가진 사람이 수십 명은 되던데……. 그리고 우리랑 같이 정수론을 듣는 밀키 테르도 성이 테르잖아?"

매씨가 별 일 아니라는 듯 내뱉었다.

"물론 그럴 수도 있지. 하지만 교장의 가족관계를 조사해 봐야겠어."

"어떻게?"

"주민등록번호만 알면 교장의 주민등록등본을 열람해 볼 수 있거든."

"교장의 주민등록번호를 어떻게 알아내지?"

"그게 바로 네가 할 일이야."

"뭐? 내가?"

매씨의 눈이 휘둥그레졌다. 페르는 매씨의 귀에 대고 조그맣게 말했다.

"뭐? 날더러 교장실로 들어가라고?"

매씨의 목소리가 점점 커졌다.

"청소부로 변장하면 돼. 너는 키가 크니까 변장만 잘하면 아무도 의심하지 않을 거야."

페르가 달래듯 말했다.

"진짜 청소부 언니는 어떡하고? 설마 청소부 언니를 납치하려는 건 아니겠지?"

"그건 걱정 마. 나한테 좋은 생각이 있어."

"뭔데?"

"청소 시간과 청소 배치 스케줄 서버를 해킹해 시간을 바꿀 거야. 너는 씨매 양이라는 가명으로 바뀐 시간에 교장실 청소를 하면 돼."

"씨매는 뭐야?"

"매씨를 거꾸로 한 이름이지."

"헐! 그러다 들통 나면 어떡하려고?"

"절대 그럴 리 없어. 나만 믿어."

이렇게 말하고 페르는 학교 홈페이지에 들어가 청소관리부를 열람했다. 이곳 역시 해킹을 위해서는 비밀번호를 알아내야 했다. 비밀번호는 다음과 같은 수학 문제로 주어져 있었다.

'□△○×○△□＝92565, □＜○이고
비밀번호는 □△○○△□이다.'

"뭐가 이렇게 복잡하지?"

매씨가 고개를 절레절레 흔들었다.

"서로 반대 수인 세 자리 숫자의 곱이 92565라……"

페르는 생각에 잠긴 듯 눈을 지그시 감았다. 잠시 동안 두 사람은 말이 없었다.

"92565를 소수들의 곱으로 나타내면 될 것 같아."

페르가 무언가 떠오른 듯 소리쳤다.

"좋은 생각이야."

매씨는 연습장에 열심히 계산하더니 다음과 같이 썼다.

$$92565 = 3 \times 3 \times 5 \times 11 \times 11 \times 17$$

"됐어. 이제 적당히 세 개씩 곱해서 두 개의 세 자릿수를 만들어 보면 돼."

페르는 이렇게 말하고는 머릿셈으로 적당히 세 개의 수들을 곱해 보더니 잠시 후 다음과 같이 썼다.

$$3 \times 5 \times 11 = 165$$
$$3 \times 11 \times 17 = 561$$

"정말 두 수가 반대 수가 되었네."

매씨가 신기한 듯 눈을 반짝거렸다.

"□<○이니까 비밀번호는 □△○○△□=165561이야."

페르는 이렇게 말하고 알아낸 비밀번호를 조심스럽게 입력했다. 그러자 청소관리부의 스케줄 관리 페이지가 나타났다. 페르는 능숙한 솜씨로 교장실의 금일 청소 담당자 이름을 씨매로 바꾸었다. 원래 청소 담당인 그리핀에게는 청소 관리과장이 보낸 것처럼 오늘 교장실 청소는 하지 않아도 된다는 내용을 이메일로 보냈다.

"됐어. 이제 한 시에 네가 교장실로 가서 청소하는 척하면서 교장 선생님의 주민등록증을 찾아보면 돼."

페르가 매씨를 힐끗 보며 말했다.

"청소부 유니폼은?"

매씨가 머리를 긁적이며 말했다.

"그건 걱정 마. 공동 빨래방에서 잠깐 하나 슬쩍해 왔어. 오늘만 입고 도로 빨래방에 가져다 놓으면 돼."

"철두철미하구나."

매씨의 말에 페르는 어깨를 으쓱했다. 청소부 유니폼은 맞춘 것처럼 매씨에게 꼭 맞았다. 페르는 포토샵을 이용해 '씨매'라고 쓴 명패를 만들어 매씨의 유니폼 왼쪽 가슴에 달아주었다.

"이제 다 됐어."

페르가 흐뭇한 얼굴로 매씨를 바라보며 말했다. 하지만 매씨는 왠지 모를 불안감에 휩싸여 있었다. 들통이라도 나서 학교에서 벌을 받지나 않을까 하는 두려움이 물밀 듯이 밀려왔기 때문이었다. 하지만 청소부들이 모두 여자이므로 이 일을 할 사람은 매씨외에는 없었다.

   점심은 배달시킨 피자로 간단히 때운 다음 매씨는 청소복을 입고 기숙사를 나서서 교장실로 향했다. 혹시 친구들이 자신의 얼굴을 알아볼까  봐 고개를 푹 숙인 채 땅만 바라보며 교장실이 있는 건물로 갔다.

   한 시 정각이 되었다. 매씨는 간단한 청소용구를 챙겨 교장실로 성큼성큼 들어갔다.

   "청소 시간인가요?"

   교장의 비서로 보이는 눈이 크고 긴 생머리를 한 여자가 물었다.

   "네, 오늘 청소 담당인 씨매예요."

   매씨가 조심스럽게 자신의 이름을 밝혔다. 비서는 컴퓨터로 금일 청소 담당자의 이름이 씨매인 것을 확인하고 매씨의 명패를 보더니 교장실 문을 열어주며 말했다.

   "청소 시간은 30분이에요. 30분 후에는 교장 선생님이 이곳에서 손님을 만나야 해요."

   비서가 사무적인 목소리로 말했다.

매씨는 교장실로 들어가 문을 닫고 일부러 큰 소리를 내면서 청소를 했다. 비서를 속이기 위해서였다. 정신없이 청소하는 척하면서 책상 위와 주변을 훑어보았다. 이런저런 잡다한 서류들이 있을 뿐 주민등록증 같은 것은 보이지 않았다.

"대체 어디 있는 거지?"

매씨는 주위를 두리번거렸다. 그러다가 문득 의자에 아무렇게나 던져놓은 외투가 눈에 들어왔다. 가까운 곳에 가느라 벗어 둔 것 같았다. 매씨는 외투의 안주머니를 뒤졌다. 갈색 지갑이 손에 만져졌다. 살며시 지갑을 꺼내 펼쳐보니 그 안에 주민등록증이 꽂혀 있었다. 매씨는 다급하게 주민등록번호를 휴대폰에 옮겨 적었다. 마지막 번호를 입력하려는 순간 갑자기 밖에서 교장의 목

소리가 들리자 매씨는 지갑을 외투에 도로 넣고 청소를 하는 척했다. 예상대로 교장이 문을 열고 들어왔다.

"청소는 이제 그만해요. 오늘 중요한 약속이 있으니까."

교장이 매씨에게 무뚝뚝한 목소리로 말했다.

"네."

매씨는 기어들어가는 목소리로 대답하고 고개를 푹 숙인 채 교장실을 빠져나왔다. 그러고는 잽싸게 페르의 방으로 달려갔다.

"어떻게 됐어?"

페르가 눈을 크게 뜨고 물었다.

"그게……."

매씨가 말을 머뭇거렸다.

"못 찾은 거야?"

"찾긴 찾았는데……. 주민등록번호의 마지막 숫자를 휴대폰에 입력하지 못했어. 입력하려는 순간 갑자기 교장 선생님이 들어오는 소리가 들려서 말이야. 어떡하지? 한 번 더 청소하러 가야 하나?"

매씨가 한숨 섞인 소리로 말했다.

"마지막 숫자 한 개라고 했지?"

페르가 힘찬 목소리로 물었다.

"응."

"됐어. 마지막 숫자는 알아낼 수 있어."

"어떻게?"

매씨의 눈이 휘둥그레졌다.

"일단 입력한 번호를 칠판에 적어 봐."

페르가 미소를 지으며 말했다. 매씨는 휴대폰에 저장된 교장의 주민등록번호를 벽에 걸려 있는 화이트보드에 썼다. 물론 마지막 하나의 숫자는 물음표로 표시했다.

640713-101843?

페르는 칠판을 뚫어지게 응시하더니 눈을 지그시 감고 머릿속으로 셈을 하기 시작했다. 영문을 모르는 매씨는 페르의 이상한 행동에 어리둥절한 표정으로 가만히 서 있었다. 잠시 후 페르가 눈을 크게 뜨고는 칠판의 물음표를 지우고 숫자를 적었다.

640713-1018433

교장의 주민등록번호의 마지막 숫자는 3이었다.

"혹시 열 개 중에서 찍은 거 아니야?"

매씨가 비아냥거리듯 물었다.

"무슨 소리? 주민등록번호는 위조를 방지하기 위해 맨 마지막 숫자를 오류검증번호로 도입해. 앞에 있는 640713은 1964년 7월 13일에 태어났다는 뜻이고, 뒤의 일곱 숫자 중 첫 번째 수는 남자인가 여자인가를, 그 다음 네 개의 숫자는 출생 지역을 나타내고, 그 다음 하나의 숫자는 출생신고를 한 순서를 나타내고, 마지막은 오류검증번호야. 1900년대에 출생한 사람은 1이 남자, 2가 여자를 가리키고 2000년대에 태어난 사람은 3이 남자, 4가 여자를 나타내지."

페르가 장황하게 설명했다.

"오류검증번호는 어떻게 결정하는데?"

매씨가 진지한 표정으로 물었다.

"간단해. 마지막 숫자를 제외한 각 자리 숫자에 2, 3, 4, 5, 6, 7, 8, 9, 2, 3, 4, 5를 곱해서 모두 더해 봐."

"$6 \times 2 + 4 \times 3 + 0 \times 4 + 7 \times 5 + 1 \times 6 + 3 \times 7 + 1 \times 8 + 0 \times 9 + 1 \times 2 + 8 \times 3 + 4 \times 4 + 3 \times 5 = 151$."

"그것을 11로 나눈 나머지를 구해 봐."

"151=11×13+8이니까 나머지는 8이야."

"좋아. 11에서 나머지를 빼."

"11−8=3."

"그게 바로 오류검증번호야. 그러니까 640713-101843?에서 물음표의 숫자는 3 이외에는 올 수 없어. 그러니까 640713-1018431, 640713-1018432와 같은 주민등록번호는 존재할 수 없지. 그러니까 아무렇게나 주민등록번호를 입력하면 컴퓨터에서는 '그런 번호는 존재하지 않습니다.'라는 메시지가 뜰 거야."

페르는 매씨를 향해 슬쩍 웃어보였다. 이제 그동안 궁금했던 모든 일들의 결과가 나올 것이 분명하다고 믿었기 때문이다.

4-1 (5)혼합계산 | 4-2 (8)규칙 찾고 문제 해결하기

# 비밀의 방

네 개의 숫자를 차례로 배열하는 방법 | ▼ 검색

페르는 매쓰브리지 시청의 홈페이지에 접속해 '주민등록등본 열람하기'라고 쓴 아이콘을 클릭했다. 조그만 팝업창이 뜨면서 주민등록번호를 입력하라는 안내 글이 나왔다. 페르는 교장의 주민등록번호를 차례로 입력했다. 잠시 후 팝업창이 사라지고 모니터에는 페르 교장의 주민등록등본이 나타났다. 두 사람은 교장의 주민등록등본을 보고는 동시에 놀란 목소리로 소리쳤다.

"동생?"

그랬다. 비셔 테르는 조지앙 테르의 동생이었다. 나이는 서른다섯 살이었고 매쓰브리지 영재학교 출신이었다.

"현재 매쓰브리지 영재학교 출신 중에서 서른다섯 살인 사람이 또 누가 있지?"

페르가 매씨에게 물었다.

"디오스 교수님이 서른다섯 살이잖아? 매쓰브리지 출신이고……."

매씨가 눈을 반짝이며 말했다.

"맞아. 디오스 교수님께 물어보자."

페르가 자리에서 벌떡 일어나며 말했다. 두 사람은 서둘러 디오스 교수의 연구실로 갔다. 마침 디오스 교수는 커피를 마시며 책을 읽는 중이었다.

"안녕하세요?"

두 사람이 동시에 디오스 교수에게 인사했다. 논문 발표 때문에 여러 번 찾아간 적이 있어 잘 아는 사이였다.

"한국의 두 천재들이군. 무슨 일이지?"

디오스 교수가 반갑게 맞아 주었다.

"교수님, 비셔 테르에 대해 알고 싶어요. 교장 선생님의 동생 말이에요."

페르가 단도직입적으로 물었다.

"그 친구는 왜?"

디오스 교수가 놀란 눈으로 물었다. 페르는 자신들이 가우싱 교수의 납치 사건을 은밀히 조사하고 있으며 비셔 테르가 이 사건과 관계가 있는 것 같다고 솔직하게 털어놓았다. 두 사람이 그 동안 수사한 내용을 듣고 있던 디오스 교수의 얼굴 표정이 점점 진지해졌다. 두 사람의 얘기를 모두 들은 뒤 디오스 교수는 자리에서 일어나 아무 말 없이 창밖을 내다보다가 두 사람 앞으로 와서 조용히 입을 열었다.

"비셔는 나랑 같이 공부했어. 천재적인 수학 실력을 갖고 있었지만 노름에 빠지고 나쁜 친구들과 어울리면서 공부와는 담을 쌓고 지냈지. 그래서 아직까지 교수가 되지 못해 교장이 무척 고민하고 있다는 얘기를 들었어. 교장은 동생의 취직을 위해 여러 방면으로 애를 쓰고 있지만 워낙 논문이 없다 보니 어느 학교에서도 그를 받아주려 하지 않지. 그래서 최근에는 자포자기에 빠져 있다고 들었어."

"그랬군요."

페르는 디오스 교수의 말이 큰 도움이 되지 않는 듯 실망한 표정으로 말했다. 그러고는 잠시 디오스 교수의 연구실을 둘러보았다.

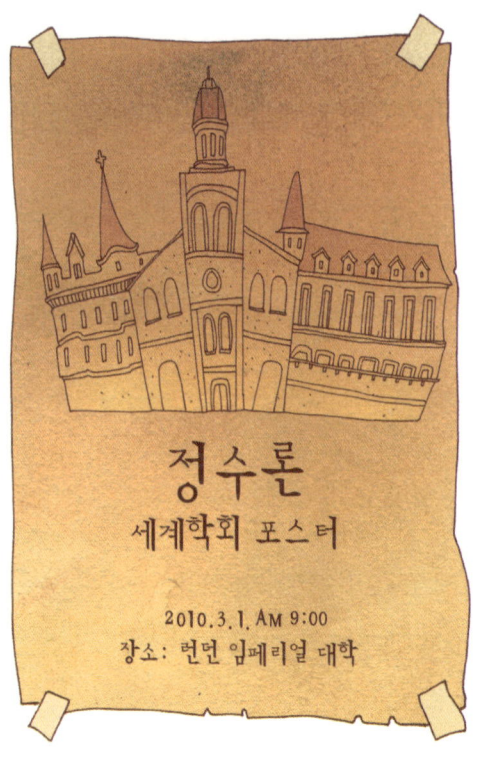

벽에는 포스트잇이 다닥다닥 붙어 있었다. 메모하기를 즐기는 디오스 교수는 조그만 아이디어도 벽에 붙여 놓는 습관이 있었다. 포스트잇들 사이에 대형 포스터가 페르의 눈길을 끌었다.

"저 포스터는 뭐죠?"

페르가 눈을 번뜩이며 물었다.

"정수론 세계학회 포스터야. 내일 아홉 시부터 런던 임페리얼

대학에서 열려. 정수론 세계학회에서 논문을 인정받으면 바로 교수가 될 수 있을 정도로 유명한 학회야. 가우싱 교수도 소수에 대한 중요한 논문을 발표하기로 했는데……."

디오스 교수가 혀를 끌끌 찼다.

"가우싱 교수님이 어떤 내용을 발표하기로 예정되어 있나요?"

페르가 무언가 생각이 난 듯 눈을 크게 뜨고 물었다.

"가만……."

디오스 교수는 바로 생각이 나지 않는지 자리에서 일어나 포스터 쪽으로 걸어갔다. 매씨와 페르도 교수를 뒤따랐다. 포스터에는 그날 학회에서 발표할 연사들의 이름이 적혀 있었다. 비셔 테르가 제일 먼저 발표하고 그 다음에 가우싱 교수의 발표 차례였는데, 두 사람 모두 '발표 논문 제목은 추후에 알려 드림'이라고 씌어 있었다.

"가우싱? 비셔 테르?"

페르가 소리쳤다.

"이건 우연의 일치가 아니에요. 만일 가우싱 교수님이 발표하려던 논문을 비셔 테르가 발표한다면……."

페르가 말을 머뭇거렸다.

"그렇다면 비셔 테르가 교수가 되겠지. 가우싱 교수가 허접한 논문을 발표할 리는 없으니까."

디오스 교수가 날카롭게 지적했다.

"그럼 논문 때문에 가우싱 교수님을 납치한 거야?"

매씨도 놀란 눈으로 말했다. 세 사람 모두 뭔가 이상한 음모가 진행되고 있다는 느낌을 강하게 받았다. 중요한 것은 가우싱 교수를 찾는 일이었다. 디오스 교수의 방에서 나온 페르와 매씨는 다시 가우싱 교수의 방으로 갔다. 뭔가 새로운 사실을 알아내기 위해서였다. 가우싱 교수는 꼼꼼한 성격이어서 3공 바인더에 연구결과를 정리해 연구 연월일을 적어서 책장에 꽂아두고 있었다. 두 사람은 일기장처럼 연도별로 꽂혀 있는 바인더에 붙어 있는 인덱스를 따라가 보았다.

"페르! 금년 게 없어."

매씨가 손가락으로 바인더를 가리키며 말했다. 매씨의 말대로 작년까지의 바인더는 모두 있었지만 금년의 바인더는 한 권도 없었다. 지금이 2월이므로 다른 해의 예대로라면 한 권 이상의 바인더가 있어야 했다.

"누가 가지고 간 게 틀림없어."

매씨가 분개한 듯 떨리는 목소리로 말했다.

"비셔 테르와 교장의 짓일 거야. 가우싱 교수를 납치하고 그의 논문을 비셔 테르가 발표해 교수가 되게 하려는 비열한 짓을 저지르고 있는 게 틀림없어."

페르도 분통이 터지는 듯 두 주먹을 불끈 쥐며 말했다.

"가우싱 교수님은 어디 계신 거지?"

매씨가 근심어린 눈빛으로 페르를 바라보며 말했다.

"교장 선생님이 어딘가에 숨긴 것 같아. 하지만 어딘지 알 수가 없으니……."

페르가 혀를 차며 말했다.

"가만, 교장실이 몇 층이지?"

페르가 뭔가 생각이 난 듯 매씨에게 물었다.

"3층."

매씨는 어리둥절한 얼굴로 대답했다.

"3층에는 방이 몇 개였어?"

"교장실과 비서실 두 개뿐이었어. 두 방은 서로 연결되어 있었고."

"이상하잖아."

"뭐가?"

"그 건물의 1층과 2층에는 방이 각각 다섯 개씩이야. 그런데 왜 3층에는 방이 두 개뿐이지?"

"교장실이 좀 커서 그런 거 아닐까?"

"얼마나 컸는데?"

"교수 연구실의 두 배쯤은 되 보였어."

"비서실은?"

"교수 연구실보다 조금 작았어."

"그럼 이상하잖아? 교장실을 연구실 두 개라고 쳐도 3층에는 연구실 세 개 정도의 방이 있는 셈이잖아? 그럼 나머지 두 개의 방에 해당하는 공간이 비는데."

"헐!"

매씨가 비명소리를 냈다. 건물은 각층이 모두 같은 넓이였으므로 3층에는 두 개의 방 넓이의 공간이 비어 있는 셈이었다.

"밀실?"

페르가 조심스럽게 소리쳤다. 매씨는 페르와 시선을 똑바로 맞추고 말없이 고개를 끄덕였다.

"교장실에 밀실이 있는 게 틀림없어. 그곳에 가우싱 교수님이 갇혀 있을 거야. 좋아, 오늘밤에 교장실을 뒤져 보자."

페르가 어깨를 으쓱거리며 말했다.

"교장실로 들어가려면 비서실을 거쳐야 해. 비서실은 디지털 도어로 되어 있어 비밀번호를 모르면 들어갈 수 없어."

매씨가 불안한 표정으로 말했다.

"매씨! 또 한 번 변장해야겠어."

"뭘로?"

"화장품 판매원으로."

"날더러 외판원이 되라는 거야?"

"별 수 없잖아. 넌 비서에게 손 관리 화장품 신제품이 나와서 공짜로 준다고 하고 내가 조금 있다가 만들어 줄 화장품 샘플을 손에 발라주기만 하면 돼. 반드시 손가락 끝에 발라 줘야 한다는 것을 명심해."

"그 다음에는?"

"나머지는 내게 맡겨."

페르는 이렇게 말하고는 매씨와 함께 인근 화장품 가게로 가서 핸드크림을 한 통 샀다. 그러고는 핸드크림의 내용물에 식초를 조금씩 뿌렸다. 매씨는 페르가 하는 행동이 이해가 되지 않았지만 그저 지켜만 보고 있었다.

"이제 됐어. 이걸 비서의 손에 바르기만 하면 돼."

페르가 핸드크림의 뚜껑을 닫아 매씨에게 건네며 말했다. 매씨는 단골로 가는 노래연습장에서 황금빛 가발을 빌려 머리에 쓰고 화장을 짙게 하고는 숙녀 티가 물씬 나는 옷으로 갈아입고 페르와 함께 교장실로 갔다. 노크를 하자 비서가 문을 열어주었다.

"어떻게 오셨죠?"

비서가 매씨를 위아래로 훑어보며 물었다.

"저는 뷰티라인 화장품 신제품 개발부에서 근무하는 마리아예요. 이번에 핸드크림이 새로 나와서 모니터 요원에게 직접 사용해 보시라고 제품을 가지고 왔어요. 어머, 언니! 손이 생각보다 거치시네요."

매씨는 화장품 외판원처럼 능숙하게 연기했다. 그러고는 비서의 손을 덥석 잡더니 눈 깜짝할 사이에 핸드크림을 비서의 손가락에 골고루 발라주었다. 페르의 말대로 매씨는 비서의 열 손가락 끝에 핸드크림을 듬뿍 발랐다. 얼떨결에 핸드크림을 바르게 된 비서는 기분이 나쁜 표정으로 매씨를 밀어내며 소리쳤다.

"이곳은 잡상인이 함부로 들어오면 안 되는 곳이에요. 교장 선

생님이 아시면 큰일 나니까 당장 나가세요!"

매씨는 사정을 하면서 비서에게 매달리는 척하고는 억지로 핸드크림을 건네고는 문 밖으로 나왔다. 그러고는 밖에서 기다리고 있던 페르에게 손으로 승리의 브이 자를 쥐어 보였다.

"오케이. 이제 내게 맡겨!"

페르는 이렇게 말하고는 휴대폰으로 교장실에 전화를 걸었다. 예상했던 대로 전화는 비서가 받았다.

"교장 비서인가?"

페르는 일부러 나이든 사람처럼 들리도록 굵은 목소리를 냈다.

"그런데요."

비서가 대답했다.

"난 교육부 감독관이오. 교장 비서 업무를 감사하는 중이니까 최근 한 달 동안의 비서 업무일지를 가지고 본관 소회의실로 오시오."

페르가 무겁고 단호한 어조로 말했다.

"네, 알겠습니다."

비서는 조금 떨리는 소리로 이렇게 말하고는 비서 업무일지를 챙겨 서둘러 문 밖으로 나가 본관으로 향했다.

그 모습을 벽 뒤에 숨어서 지켜본 두 사람은 손을 아래로 힘차게 내리며 신이 난 얼굴로 서로를 바라보았다.

"됐어. 비서는 본관에 갔다가 허탕 치고 다시 교장실로 들어갈 거야. 그러면 네가 발라준 핸드크림이 비밀번호에 묻게 될 거야. 이따 밤에 핸드크림이 묻어 있는 번호를 조합하면 비밀번호를 알 수 있어."

페르는 이렇게 말하고는 매씨의 팔을 잡고 건물 밖으로 나왔다.

다음날 아침, 페르와 매씨는 교장실로 갔다. 0부터 9까지의 다이얼 중에서 핸드크림이 묻어 있는 버튼을 찾아보았지만 눈에 잘 띄지 않았다.

"어떡하지?"

매씨가 울상을 지었다.

"걱정 마. 만일을 위해서 식초를 섞어 두었잖아? 식초는 산성 물질이니까 푸른 리트머스 시험지를 붉게 변화시킬 거야."

페르는 이렇게 말하고는 0부터 9까지의 버튼에 푸른 리트머스 시험지를 갖다 댔다. 0, 3, 4, 9의 버튼에 대었을 때 리트머스 시험지가 약간 붉게 변했다.

"됐어. 비밀번호는 0, 3, 4, 9로 만들 수 있는 네 개의 숫자야. 네 개의 숫자를 차례로 배열하는 방법은 스물네 가지이고."

페르가 환희에 찬 표정으로 말했다.

"왜 스물네 가지야?"

매씨가 반문했다.

"네 개의 비밀번호를 □□□□이라고 해 봐. 첫 번째 빈칸에 들어갈 수 있는 숫자는 0, 3, 4, 9 중 한 개이니까 첫 번째 빈칸을

채우는 방법은 네 가지야. 그리고 두 번째 빈칸에는 첫 번째 빈칸에 사용되지 않은 세 개의 숫자 중에서 하나가 사용될 테니까 두 번째 빈칸을 채우는 방법은 세 가지, 세 번째 빈칸에는 첫 번째와 두 번째 빈칸에 사용되지 않은 숫자가 채워질 테니까 세 번째 빈칸을 채우는 방법은 두 가지야. 그러면 마지막 빈칸에는 남아 있는 숫자가 사용될 테니까 마지막 빈칸을 채우는 방법은 한 가지야. 그러니까 네 개의 빈칸을 모두 채우는 방법은 $4 \times 3 \times 2 \times 1 = 24$(가지)야. 이 정도면 쉽게 찾아 낼 수 있을 거야."

페르는 이렇게 말하고는 0349, 0394, 0439, 0493, 0934, 0943, ……을 차례로 눌러 보았다. 잠시 후 4309를 누르자 삐익 하는 소리를 내며 문이 열렸다. 두 사람은 비서실을 거쳐 교장실 안으로 들어갔다. 다행히 교장실 문은 열려 있었다. 페르는 손전등으로 방 안 곳곳을 비추었다.

6-나 (6)경우의 수

# 이상한 나라의 앨리스

이진법과 부부수 ▼ 검색

"책꽂이 뒤에 공간이 있을 것 같아."

페르가 확신이 선 듯 책꽂이 쪽을 향해 걸어가며 말했다. 책꽂이는 한쪽 벽을 완전히 메우고 있었고 수천 권의 책이 꽂혀 있었다. 매씨는 책꽂이 안을 이리저리 둘러보다가 맥이 풀린 얼굴로 말했다.

"이 책을 모두 뽑아 봐야 하는 거야?"

"아마 비밀의 방으로 가는 다른 방법이 있을지 몰라."

페르는 이렇게 말하고 책꽂이가 있는 벽과 수직으로 만나는 벽을 손전등으로 비추었다. 작은 화이트보드가 걸려 있었는데 그곳에는 다음과 같이 씌어 있었다.

8 - 15 - 24 - 4 - 4 - 24 - 7 - 23

"무슨 숫자지?"

페르가 고개를 갸웃거렸다.

"비밀의 방으로 들어가는 암호문 같아."

매씨가 숫자들을 유심히 바라보며 말했다.

"가만, 이게 뭐지?"

페르는 교장의 책상 위에 펼쳐져 있는 다섯 장의 카드를 손전등으로 비추었다. 다섯 장의 카드는 다음과 같은 모양이었다.

"가만…… 카드에 1, 2, 4, 8, 16이라는 숫자가 있어. 그렇다면 이건 이진법을 이용한 암호일 거야."

매씨가 눈을 반짝거리며 말했다.

"이진법이라니?"

페르가 놀란 표정으로 물었다.

"0과 1만으로 모든 수를 나타내는 것을 이진법이라고 해."

"0과 1만으로 모든 수를?"

페르는 믿지 못하겠다는 표정이었다.

"우리는 10진법을 사용하고 있어. 10진법은 10이 되면 한 자리 위로 올라가 1이 돼. 예를 들어 9에 1을 더하면 한 자리가 올라가서 십의 자리가 1이 되고 일의 자리는 비니까 0이 되어 10이 되는데 이런 게 십진법이야."

"그럼 이진법은?"

"2가 되면 한 자리 올라가 1이 되는 거야. 예를 들어 이진법에서 1에 1을 더하면 2가 되었으니까 한 자리 위로 올라가 1이 되어 10이 되는 거지."

"1+1이 10이라고?"

"이진법에서는 10을 십이라고 읽지 않고 일공이라고 읽어."

"거참 신기한 진법도 다 있군!! 그런데 이 암호가 왜 이진법과 관계있다는 거지?"

"이진법에서 1, 10, 100, 1000, 10000이 십진법의 수 1, 2, 4, 8, 16을 나타내거든."

"가만, 그건 카드에 씌어 있는 수잖아?"

"맞아. 그러니까 암호의 첫 번째 수는 8이니까 8이 씌어 있는 카드의 철자를 찾으면 돼. 그것은 바로 'ㅇ'이야."

"그렇다면 15=1+2+4+8이니까 1, 2, 4, 8 카드에 공통으로 씌어 있는 철자인 'ㅏ'가 돼!"

"그리고 24는 8+16이니까 8과 16 카드에 공통으로 씌어 있는 철자인 'ㅣ'가 되고, 4는 4번 카드에만 있는 철자인 'ㄹ'이 돼. 그러니까 8-15-24-4는 '앨'이 되고 4-24는 '리', 7-23은 '스'를 나타내."

"앨리스!"

페르가 비명을 질렀다. 우연의 일치인지 몰라도 매씨의 방법대로 암호를 해독한 결과 앨리스가 되었기 때문이었다. 페르는 책꽂이로 다가가 루이스 캐럴이 쓴 『이상한 나라의 앨리스』를 찾았다. 가운데 책꽂이의 중간 높이에 꽂혀 있었다. 페르는 조심스럽게 책을 꺼냈다. 그 순간 갑자기 '위~잉'하는 소리를 내며 책꽂이가 빙그르르 돌면서 숨겨져 있던 방이 나타났다. 두 사람은 놀

란 눈으로 방 안으로 들어갔다. 하지만 방 안은 텅 비어 있었다.

"가우싱 교수님이 안 계시잖아?"

매씨가 실망하며 탄식소리를 냈다.

"저길 봐."

페르가 정면에 보이는 벽을 손전등으로 비추며 말했다. 벽에는 조그만 글자들이 씌어 있고 0부터 9까지의 번호가 적힌 키패드가 붙어 있었다.

"비밀의 방이 여러 개인 것 같아."

페르가 눈을 반짝이며 말했다. 두 사람은 조심스럽게 벽 쪽으로 다가갔다. 벽에는 다음과 같이 씌어 있었다.

### WIFE OF 48

"48의 아내? 수도 결혼을 하나?"

페르가 어리둥절한 표정으로 말했다.

"부부수야."

매씨가 자신 있게 말했다.

"그게 뭔데?"

"48의 약수가 뭐지?"

"1, 2, 3, 4, 6, 8, 12, 16, 24, 48이잖아."

"거기에서 1과 자신을 빼면?"

"2, 3, 4, 6, 8, 12, 16, 24."

"그 수를 모두 더해 봐."

"2+3+4+6+8+12+16+24=75."

"75의 약수는?"

"1, 3, 5, 15, 25, 75."

"1과 자신을 뺀 모든 약수를 더해 봐."

"3+5+15+25=48."

페르는 이렇게 말하고는 놀란 표정을 지었다. 그러자 매씨가 당연한 결과라는 듯 부드럽게 미소 지으며 말했다.

"그건 48과 75가 부부수이기 때문이야. 즉, 두 수 N, M이 있는데 N의 1과 자신을 제외한 나머지 약수들의 합이 M이 되고 M의 1과 자신을 제외한 나머지 약수들의 합이 N이 될 때 이런 두 수 M, N을 부부수라고 불러. 48과 75 외의 부부수로는 140과 195, 1575와 1648, 1050과 1925, 2024와 2295 등이 있어."

페르는 매씨를 존경스러운 눈빛으로 바라보았다. 자신도 수학을 꽤 한다고 생각하고 있지만 매씨는 책을 많이 읽은 탓인지 자신이 잘 모르는 새로운 내용들을 많이 알고 있기 때문이었다. 물론 그렇다고 매씨가 페르보다 한 수 위의 수학 실력을 갖고 있다고 말할 수는 없다. 어떤 경우에는 매씨가 전혀 모르는 수학적인 내용을 페르가 알고 있기도 하기 때문이다.

   페르는 조심스럽게 키패드로 75를 입력했다. 그러자 벽이 사라지면서 또 다른 방이 나타났다.

# 가우싱 교수를 구출하다

오일러 가설과 페르마의 소정리 ▼ 검색

두 사람은 다시 꿀 먹은 벙어리가 되었다. 이번에도 텅 빈 방이었기 때문이다. 두 사람은 다시 반대쪽 벽으로 향했다. 새로운 방에 들어갈 수 있는 암호가 있을 거라는 생각이 들어서였다. 예상대로 벽에는 다음과 같은 문제와 숫자를 입력할 수 있는 키패드가 붙어 있었다.

$x^4 + y^4 + z^4 = w^4$을 만족하는 자연수 $x, y, z, w$를 찾아 차례로 입력하시오.

"말도 안 돼. 이건 처음 보는 문제야."

페르가 진저리를 쳤다.

"간단한데 뭘."

매씨가 싱긋 웃으며 말했다.

"답을 알고 있단 말이야?"

"물론. 이것을 오일러 가설이라고 불러. 오일러는 페르마의 마지막 정리를 증명하려다가 실패로 돌아가자 페르마의 마지막 정리와 유사한 여러 정리를 만들었어. 그중 하나가 바로 이 가설이야. 오일러는 $x^4+y^4+z^4=w^4$을 만족하는 네 개의 자연수가 존재하지 않을 거라고 믿었지만 1988년에 노암 엘키스라는 수학자가 컴퓨터를 이용해 오일러 가설이 틀렸음을 증명했어."

"네 개의 자연수를 찾았단 말이야?"

"물론이야.

$$2682440^4 + 15365639^4 + 18796760^4 = 20615673^4$$

이 돼."

매씨가 빙그레 웃으며 말했다. 페르는 매씨가 이 복잡한 네 개의 수를 외우고 있다는 것도, 또 이들 네 수가 이런 등식을 만족

한다는 것도 놀라울 뿐이었다. 하지만 그런 것에 신경 쓸 여유가 없었다. 페르는 매씨가 말한 네 개의 수를 차례로 키패드에 입력하고 마지막으로 '엔터'키를 눌렀다. 그러자 다시 벽이 사라지면서 새로운 방이 나타났다.

"헐! 이럴 줄 알았어."

매씨가 혀를 차며 말했다. 이번 방도 텅 비어 있었기 때문이다. 망설임 없이 두 사람은 반대쪽 벽으로 걸어갔다. 두 사람의 예상대로 벽에는 P라는 글자와 일, 월, 화, 수, 목, 금, 토라고 씌어 있는 키패드가 붙어 있었다.

"요일을 맞히는 문제 같아."

매씨가 다소 안도하는 듯한 목소리로 말했다.

"무슨 문제인 줄 모르잖아?"

페르는 기분이 좋아 보이는 매씨의 표정을 보고 이상하게 여기며 물었다.

"하지만 일곱 개 중에서 한 개가 답이니까 아무렇게나 찍어도 맞힐 확률을 $\frac{1}{7}$이잖아? 이 정도면 아주 높은 확률이거든."

"왜 일곱 개야? P라고 쓴 버튼도 있잖아? 그런데 문제가 어디 있는 거지?"

페르가 키패드 주위의 벽을 두리번거리며 말했다. 하지만 키패드를 제외하고는 어떤 글자도 찾을 수 없었다. 다만 키패드의 여덟 개의 버튼 위에는 불이 꺼져 있는 조그만 액정이 붙어 있었다.

"P를 눌러 봐."

매씨가 주저하지 않고 말했다.

"그건 왜?"

페르가 어리둥절한 얼굴로 되물었다.

"그게 문제일 거야. 문제는 영어로 problem이니까 그 첫 철자가 P잖아?"

"그렇구나."

페르는 고개를 끄덕이고는 P라고 쓴 버튼을 눌렀다. 그러자 액정에 불이 들어오면서 문제가 나타났다.

오늘부터 $23^7$일 후는 무슨 요일인가?
5분 안에 풀지 못하면 비밀의 방이 폭발할 것이다.

문제 바로 아래에 5:00이라는 숫자가 나타나더니 곧바로 4:59, 4:58, 4:57로 변하기 시작했다.

"교수님이 저 안에 계시는 게 틀림없어. 5분 안에 문제를 해결하지 못하면 교수님이 위험해."

페르가 약간 떨리는 목소리로 말했다.

그때 갑자기 두 사람의 등 뒤에서 굵직한 남자의 목소리가 들렸다.

"너희들 여기서 뭐하는 거니?"

뒤를 돌아보니 셤즈 형사가 방 입구에 서 있었다.

"어떻게 이곳에 오신 거예요?"

페르가 놀란 표정으로 물었다.

"교장의 행동에 의심쩍은 부분이 많이 보여 교장실을 수색하다가 새로운 방이 보여서 계속 따라오게 된 거야. 이런 비밀의 방을 만들어 두다니."

셤즈 형사는 혀를 차며 말했다.

"페르, 지금 형사님과 대화할 시간이 없어."

매씨가 손가락으로 액정을 가리키며 말했다. 타이머가 2:00을 가리키고 있었다.

"형사님, 문제를 풀어야 또 다른 비밀의 방으로 갈 수 있어요. 만일 시간 내에 풀지 못하면 교수님을 구출할 수 없을 거예요."

페르는 이렇게 말하고는 다시 문제에 집중했다. 그 사이에 매씨가 셤즈 형사에게 자초지종을 설명했다. 매씨의 말을 듣고 있던 셤즈 형사도 놀란 얼굴로 액정을 바라보았다.

"그래, 나왔어."

페르가 손가락을 튕기며 말했다.

"뭔데?"

매씨가 눈을 크게 뜨며 물었다.

"수요일이야."

"어떻게 안 거지?"

"페르마의 소정리를 이용했어."

"그게 뭔데?"

"$a$와 $p$가 서로 소인 자연수이고 $p$가 소수이면 $a^p - a$는 항상 $p$의 배수가 된다는 게 페르마의 소정리야."

"그것하고 이 문제하고 무슨 관계가 있지?"

"23과 7은 서로 소이고 7은 소수이니까 $23^7 - 23$은 항상 7의 배수가 돼. 그러니까 $23^7 - 23 = 7 \times k$(k는 정수)라고 쓸 수 있지. 그럼 $23^7 = 7 \times k + 23$이 되고 23을 7로 나누면 나머지가 2이니까 $23^7$은 7로 나누었을 때 나머지가 2인 수야. 일주일은 7일이니까 요일을 알아맞힐 때는 7로 나눈 나머지만 생각하면 돼. 오늘이 월요일인데 7로 나눈 나머지가 2인 날짜는 지금으로부터 이틀 후의 요일과 같아져. 그러니까 수요일이 되는 거야."

페르가 어깨를 으쓱대며 설명했다.

"가만, 시간이 별로 없어."

셤즈 형사가 타이머를 보며 두 사람의 대화에 끼어들었다. 형사의 말대로 타이머는 0:11

을 가리키고 있었다. 두 사람은 수학 토론을 하느라 정신이 팔려 제한시간이 있다는 것을 잠시 잊은 듯했다. 매씨가 '수'라고 쓴 버튼을 잽싸게 눌렀다. 타이머는 0:03에서 멈추었다. 그러자 '위~잉' 소리를 내며 벽이 열리기 시작했다.

"교수님이야."

매씨가 천천히 열리는 벽 사이로 힘없는 얼굴로 누워 있는 가우싱 교수를 발견하고는 다급하게 소리쳤다. 세 사람은 일제히 가우싱 교수가 감금되어 있는 방으로 뛰어 들어갔다. 교수의 주위에는 먹다 남은 딱딱한 빵 조각과 물통이 보였다. 교수는 며칠 동안 제대로 먹지 못한 탓인지 힘이 없어 보였다.

"가우싱 교수님!"

매씨와 페르가 큰 소리로 외쳤다. 그러자 가우싱 교수가 조용히 눈을 뜨고 힘없는 목소리로 물었다.

"오늘이 무슨 요일이지?"

"월요일이에요."

페르가 대답했다.

"가만…… 학회가 열리는 날이잖아. 지금 몇 시야?"

"여덟 시예요."

"아홉 시에 비셔 테르가 발표할 시간이야. 그가 내 논문을 발표하는 것을 막아야 해."

"이런 몸으로 어떻게 학회에 가신다는 거예요? 먼저 병원으로 가셔야죠."

"병원은 학회에 갔다가 가도 돼. 빨리 나를 학회 장소로 데려다 줘."

가우싱 교수의 고집을 꺾는 것은 불가능해 보였다. 결국 셤즈 형사는 경찰 헬기를 불러 가우싱 교수를 학회가 열리는 장소까지 데려다주었다. 만일을 위해서 페르와 매씨도 동행했다.

세 사람은 가우싱 교수를 부축해 회의장으로 들어갔다. 마침 비셔 테르가 논문을 발표하고 있는 중이었다.

"그러니까 소수의 분포에 대한 제 공식은…… 그게…… 그러니까……."

비셔 테르는 원고를 이리저리 들춰 보며 당황해하고 있었다. 가우싱 교수는 말없이 서서 비셔 테르가 당황하는 모습을 지켜보았다. 시간이 5분쯤 흐르자 방청석에 앉아 있던 정수론의 권위자들이 술렁이기 시작했다.

"뭐야, 결론이 없잖아?"

"어떻게 준비한 거야? 비셔 테르."

"이런 찌질한 강의를 제일 먼저 발표하게 하다니."

교수들이 잔뜩 찡그린 표정으로 연단에서 어쩔 줄 몰라 하는 비셔 테르를 공격했다. 그러자 가우싱 교수가 천천히 연단으로 걸어가더니 바지 주머니에서 한 장의 종이를 꺼내 비셔 테르에게 펼쳐 보이며 말했다.
　"이걸 찾는 건가?"
　그제야 고개를 들고 가우싱 교수를 확인한 비셔 테르는 소스라치게 놀란 얼굴로 말을 더듬었다.
　"당신이 어떻게 여길?"
　"그럼 지금까지 감금되어 있을 줄 알았나? 자네처럼 남의 논

문을 훔치려는 사람들 때문에 나는 항상 마지막 결론 부분을 몸에 지니고 다니는 버릇이 있지."

가우싱 교수가 늠름한 얼굴로 말했다. 셤즈 형사는 비셔 테르와 그의 형인 교장에게 수갑을 채워 밖으로 데리고 나갔다. 이제 논문의 마지막 결론은 가우싱 교수의 몫이었다. 그는 로그 함수를 이용하여 아름다운 소수 분포 공식을 소개하고 청중들의 기립 박수를 받았다.

부록

정교수의
수학 강의

★ 심화학습
★ 교과연계

# 01_소수

소수가 뭐지? 0.3처럼 소수점이 있는 수? 아니야. 사람도 이름이 같은 경우가 있잖아? 마찬가지로 중학교 수학에서 소수는 다른 걸 말해. 소수를 알려면 먼저 약수를 알아야 해. 예를 들어 4를 볼까? 4를 두 자연수의 곱으로 나타내는 방법은 다음과 같이 두 가지야.

$$4 = 1 \times 4$$
$$4 = 2 \times 2$$

더 이상은 없지? 이때 1, 2, 4를 4의 '약수'라고 불러. 하나 더 해 볼까? 이번에는 2를 두 자연수의 곱으로 나타내 봐. 그럼 다음과 같아.

$$2 = 1 \times 2$$

더 이상은 없지? 2의 약수를 잘 봐. 하나는 1이고 다른 하나는 2 자신이잖아? 2의 약수는 두 개뿐이지. 하나 더 해 볼까? 이번에는 3을 두 자연수의 곱으로 나타내 봐.

$$3 = 1 \times 3$$

더 이상은 없지? 그러니까 3의 약수는 1과 3뿐이잖아? 그리고 3의 약수는 1과 3 자신이지? 이와 같이 1과 자기 자신을 약수로 갖는 수를 '소수'라고 불러. 그렇다면 4는 소수일까? 4가 소수라면 1과 4만을 약수로 가져야 하잖아? 그런데 4의 약수에는 1과 4 이외에도 2가 있지? 그러니까 4는 소수가 아니야. 이와 같이 소수가 아닌 수를 '합성수'라고 불러. 자! 그럼 소수를 몇 개 써 볼까?

다음과 같은 수들이 소수야.

$$2, \ 3, \ 5, \ 7, \ 11, \ 13, \ \cdots$$

가만…… 1은 왜 소수가 아닐까? $1 = 1 \times 1$이잖아? 하지만 1은 소수라고 부르지 않아. 왜냐고? 모든 소수는 약수가 두 개잖아? 그런데 1은 약수가 1 하나뿐이거든. 그래서 1을 소수라고 부르지 않는 거야. 자! 그럼 정리해 볼까?

**소수**

(1) 소수는 1을 제외한 자연수 중에서 1과 그 자신만을 약수로 갖는 수이다.

(2) 짝수이면서 소수인 것은 2뿐이다.

(3) 소수의 약수는 두 개이다.

1부터 50까지의 소수를 모두 찾아보자.

먼저 1부터 50까지의 수를 써 봐.

| 1 | 2 | 3 | 4 | 5 | 6 | 7 | 8 | 9 | 10 |
|---|---|---|---|---|---|---|---|---|----|
| 11 | 12 | 13 | 14 | 15 | 16 | 17 | 18 | 19 | 20 |
| 21 | 22 | 23 | 24 | 25 | 26 | 27 | 28 | 29 | 30 |
| 31 | 32 | 33 | 34 | 35 | 36 | 37 | 38 | 39 | 40 |
| 41 | 42 | 43 | 44 | 45 | 46 | 47 | 48 | 49 | 50 |

그리고 1은 소수가 아니니까 지워.

|   | 2 | 3 | 4 | 5 | 6 | 7 | 8 | 9 | 10 |
|---|---|---|---|---|---|---|---|---|----|
| 11 | 12 | 13 | 14 | 15 | 16 | 17 | 18 | 19 | 20 |
| 21 | 22 | 23 | 24 | 25 | 26 | 27 | 28 | 29 | 30 |
| 31 | 32 | 33 | 34 | 35 | 36 | 37 | 38 | 39 | 40 |
| 41 | 42 | 43 | 44 | 45 | 46 | 47 | 48 | 49 | 50 |

소수 2를 남기고 2의 배수를 모두 지워.

|   | 2 | 3 |   | 5 |   | 7 |   | 9 |   |
|---|---|---|---|---|---|---|---|---|---|
| 11 |   | 13 |   | 15 |   | 17 |   | 19 |   |
| 21 |   | 23 |   | 25 |   | 27 |   | 29 |   |
| 31 |   | 33 |   | 35 |   | 37 |   | 39 |   |
| 41 |   | 43 |   | 45 |   | 47 |   | 49 |   |

소수 3을 남기고 3의 배수를 모두 지워.

|    | 2  | 3  | 5  | 7  |    |
|----|----|----|----|----|----|
| 11 | 13 |    |    | 17 | 19 |
|    | 23 | 25 |    |    | 29 |
| 31 |    | 35 |    | 37 |    |
| 41 | 43 |    |    | 47 | 49 |

소수 5를 남기고 5의 배수를 모두 지워.

|    | 2  | 3  | 5  | 7  |    |
|----|----|----|----|----|----|
| 11 | 13 |    |    | 17 | 19 |
|    | 23 |    |    |    | 29 |
| 31 |    |    |    | 37 |    |
| 41 | 43 |    |    | 47 | 49 |

소수 7을 남기고 7의 배수를 모두 지워.

|    | 2  | 3  | 5  | 7  |    |
|----|----|----|----|----|----|
| 11 | 13 |    |    | 17 | 19 |
|    | 23 |    |    |    | 29 |
| 31 |    |    |    | 37 |    |
| 41 | 43 |    |    | 47 |    |

이런 방법으로 주어진 범위 안에 있는 소수를 모두 찾을 수 있거든. 이것을 처음 알아낸 사람은 그리스의 수학자 에라토스테네스야. 그래서 이 방법을 '에라토스테네스의 체'라고 불러. 체로 거르면 입자가 큰 알갱이가 입자가 작은 알갱이를 거를 수 있잖아? 마찬가지로 이 방법은 소수와 합성수를 거를 수 있기 때문에 '체'라는 말을 쓴 거야.

## 02_배수 판정법

이번에는 배수에 대해 알아볼까? 12를 3과 다른 수의 곱으로 써 봐. 12=3×4라고 쓸 수 있지? 이와 같이 12는 3과 자연수와의 곱으로 나타낼 수 있어. 이때 12를 3의 '배수'라고 불러. 그럼 3의 배수를 모두 써 볼까?

$$3, 6, 9, 12, \cdots$$

이제 배수가 뭔지 좀 알겠지? 그럼 어떤 수가 다른 수의 배수인지 아닌지를 어떻게 알 수 있을까? 자! 그걸 '배수 판정법'이라고 부르는데, 먼저 2의 배수 판정법은 다음과 같아.

**일의 자리 숫자가 0, 2, 4, 6, 8이면 2의 배수이다.**
예를 들어 1768은 2의 배수일까? 일의 자리 숫자가 8이지? 그러니까 1768은 2의 배수야. 그럼 367은 2의 배수일까? 일의 자리 숫자가 7이니까 2의 배수가 아니야.

**일의 자리 숫자가 0 또는 5이면 5의 배수이다.**
5의 배수가 되려면 일의 자리 숫자가 0이나 5로 끝나야 해. 그러니까

235는 5의 배수이고 376은 5의 배수가 아니야.

**끝의 두 자리 숫자가 4의 배수이면 그 수는 4의 배수이다.**

예를 들어 4876을 봐. 끝의 두 자리 숫자 76이 4의 배수잖아? 그러니까 4876은 4의 배수야.

**끝의 세 자리 숫자가 8의 배수이면 그 수는 8의 배수이다.**

예를 들어 21328을 봐. 끝의 세 자리 숫자 328이 8의 배수이므로 21328은 8의 배수야. 왜 그럴까? 21328은 다음과 같이 쓸 수 있잖아?

$$21328 = (10000 \times 2) + (1000 \times 1) + (100 \times 3) + (10 \times 2) + 8$$

이때 $10000 = 8 \times 1250$, $1000 = 8 \times 125$이므로 8의 배수이거든. 그러니까 328이 8의 배수이면 21328은 8의 배수가 되지? 그래서 끝의 세 자리 숫자가 8의 배수이면 그 수는 8의 배수가 되는 거야.

**각 자리 숫자의 합이 3의 배수이면 그 수는 3의 배수이다.**

3의 배수는 어떻게 판정할까? 342를 봐. 각 자리 숫자의 합은 $3+4+2=9$이지? 그리고 9는 3의 배수잖아? 이렇게 각 자리 숫자의 합이 3의 배수이면 그 수는 3의 배수가 돼. 그러니까 342는 3의 배수야. 왜 그

럴까? 342는 다음과 같이 쓸 수 있어.

$$342 = 300 + 40 + 2 = (3 \times 100) + (4 \times 10) + 2$$

여기서 100은 99+1이고 10=9+1이지? 왜 이렇게 덧셈으로 나타냈냐고? 99는 3의 배수잖아? 마찬가지로 9도 3의 배수이고. 그러니까 342는 다음과 같이 쓸 수 있어.

$$342 = 3 \times (99+1) + 4 \times (9+1) + 2$$

이것을 좀 더 풀어 쓰면

$$342 = (3 \times 99) + 3 + (4 \times 9) + 4 + 2$$

가 되고, 자리를 바꾸면

$$342 = (3 \times 99) + (4 \times 9) + 3 + 4 + 2$$

가 되잖아? 그런데 99와 9는 3의 배수이니까 3×99, 4×9도 3의 배수이거든. 그러니까 마지막에 있는 3+4+2가 3의 배수이면 342는 3의 배수가 되는 거야. 그런데 3+4+2는 뭐지? 바로 각 자리 숫자의 합이잖아? 그러니까 각 자리 숫자의 합이 3의 배수이면 그 수는 3의 배수가 되는 거야.

각 자리 숫자의 합이 9의 배수이면 그 수는 9의 배수이다.

예를 들어 819를 봐. 각 자리 숫자의 합은 8+1+9=18이고 그것이 9의 배수잖아? 그러니까 819는 9의 배수야.

어떤 수의 홀수 번째 자리 숫자의 합과 짝수 번째 자리 숫자의 합이 같거나 그 차가 11의 배수이면 그 수는 11의 배수이다.

예를 들어 12463을 봐. 홀수 번째 자리 숫자의 합은 1+4+3=8이고 짝수 번째 자리 숫자의 합은 2+6=8이잖아? 홀수 번째 자리 숫자의 합과 짝수 번째 자리 숫자의 합이 같으니까 12463은 11의 배수이지. 또 다른 예를 볼까? 9196을 봐. 홀수 번째 자리 숫자의 합은 1+6=7이고 짝수 번째 자리 숫자의 합은 9+9=18이니까 홀수 번째 자리 숫자의 합과 짝수 번째 자리 숫자의 합의 차가 11이고 이것은 11의 배수이므로 9196은 11의 배수이지.

## 03_거듭제곱

이번에는 거듭제곱에 대해 알아볼까? 10000을 봐. 0이 네 개 들어 있지? 이와 같이 1 다음에 0이 네 개 있을 때는 다음과 같이 나타내.

$$10000 = 10^4$$

어때? 보기 편하지? 이때 0의 개수인 4를 '지수'라고 부르고, 이렇게 나타내는 것을 10의 '거듭제곱'이라고 불러. 몇 개의 수를 거듭제곱으로 나타내 보면 다음과 같아.

$$100 = 10^2$$
$$1000 = 10^3$$
$$10000 = 10^4$$

그런데 $100 = 10 \times 10$이잖아? 이런 식으로 나타내면

$$10 \times 10 = 10^2$$
$$10 \times 10 \times 10 = 10^3$$
$$10 \times 10 \times 10 \times 10 = 10^4$$

어떤 규칙이 보이지? 아하! 10을 두 개 곱하면 지수가 2가 되고, 세

개 곱하면 지수가 3이 되고, 네 개 곱하면 지수가 4가 되는구나. 이와 같이 10을 여러 번 곱한 수가 바로 10의 거듭제곱이 되고 이때 곱해진 10의 개수가 바로 지수가 되지.

그럼 10이 아닌 다른 수를 곱하면 어떻게 될까? 마찬가지야.

$$2 \times 2 = 2^2$$
$$2 \times 2 \times 2 = 2^3$$
$$2 \times 2 \times 2 \times 2 = 2^4$$

이번에는 특별한 거듭제곱을 볼까? 2를 2의 거듭제곱으로 나타내면 $2^1$이야. 그리고 1을 2의 거듭제곱으로 나타내면 $2^0$이지. 이건 약속이라고 생각하면 돼.

## 04_소인수분해

이번에는 인수에 대해 알아볼까? 인수는 사람 이름이 아니야. 예를 들어 $12 = 3 \times 4$를 봐. 12를 두 개의 자연수의 곱으로 나타낼 수 있지? 이때 3, 4를 12의 '인수'라고 불러. 아하! 그러니까 인수는 약수와 같은 뜻이구나. 여기서 3은 소수지? 이렇게 소수인 인수를 '소인수'라고 불

러. 그러니까 3은 12의 소인수가 되는 거야. 그럼 4는? 4는 소수가 아니잖아? 그러니까 4는 12의 소인수가 아니지. 물론 인수이긴 하지만.

**인수** : 자연수 $a$가 $a = b \times c$로 나타내어질 때 $b$, $c$를 $a$의 인수라고 한다. 그리고 인수 중에서 소수인 것을 소인수라고 부른다.

이번에는 소인수분해에 대해 알아볼까? 임의의 자연수를 소수들만의 곱으로 나타내는 것을 '소인수분해'라고 불러. 예를 들어 $6 = 2 \times 3$에서 2와 3은 소수지? 그리고 6을 소인수들만의 곱으로 나타냈잖아? 그러니까 $6 = 2 \times 3$은 6의 '소인수분해 식'이라고 불러. 그럼 다른 예를 들어 볼게. $12 = 3 \times 4$를 봐. 이것은 소인수분해일까? 4는 소인수가 아니잖아? 그러니까 소인수들만의 곱으로 씌어 있지 않지? 그러니까 이것은 소인수분해를 한 게 아니야. 그럼 이제 어떤 수를 소인수분해 하는 방법에 대해 알아볼까? 예를 들어 60을 소인수분해 해 보자.

먼저 60을 두 수의 곱으로 써 봐. 예를 들어 $2 \times 30$이라고 썼다면 다음과 같이 나타내면 돼.

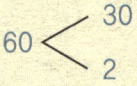

여기서 2는 소수이니까 그냥 두고 30을 다시 두 수의 곱으로 나타내 봐. 예를 들어 30 = 2×15잖아? 그럼 다음 그림과 같이 나타내.

$$60 < \begin{matrix} 30 < \begin{matrix} 15 \\ 2 \end{matrix} \\ 2 \end{matrix}$$

다시 15를 두 수의 곱으로 나타내 봐. 예를 들어 15 = 3×5라고 했다면 다음과 같이 나타낼 수 있겠지?

$$60 < \begin{matrix} 30 < \begin{matrix} 15 < \begin{matrix} \boxed{5} \\ \boxed{3} \end{matrix} \\ \boxed{2} \end{matrix} \\ \boxed{2} \end{matrix}$$

이제 소수들만 나타났지? 이렇게 최종적으로 나타난 60을 그 소수들만의 곱으로 나타내면 돼. 즉, 60을 소인수분해 하면 다음과 같아.

$$60 = 2 \times 2 \times 3 \times 5 = 2^2 \times 3 \times 5$$

어때, 쉽지? 소인수분해 하는 또 다른 방법을 알려줄까? 그건 작은 소수부터 차례로 나누는 방법이야. 60을 2로 나누면 몫이 30이지? 그것은 다음과 같이 나타내.

$$2\overline{)60\phantom{0}} \atop 30$$

다시 30을 소수 2로 나누면 몫이 15지? 그것은 다음과 같이 나타내.

$$2\overline{)60\phantom{0}} \atop 2\overline{)30\phantom{0}} \atop 15$$

15는 2로 나누어 지지 않으니까 3으로 나누면 몫이 5가 되거든. 그것은 다음과 같이 나타내.

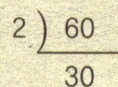

5는 소수지? 그럼 여기서 stop! 그러니까 60을 소인수분해 하면

$$60 = 2 \times 2 \times 3 \times 5 = 2^2 \times 3 \times 5$$

가 되는 거야.

## 05_약수의 개수

이번에는 약수의 개수를 구하는 공식을 알려 줄게. 12의 약수는 1, 2, 3, 4, 6, 12이지? 그리고 12를 소인수분해 하면 $2^2 \times 3^1$이잖아? 자! 12의 모든 약수를 거듭제곱으로 나타내 볼까?

$$1 = 1 \times 1$$
$$2 = 1 \times 2$$
$$3 = 1 \times 3$$
$$4 = 2^2 \times 1$$
$$6 = 2 \times 3$$
$$12 = 2^2 \times 3$$

그런데 $2^0 = 1, 3^0 = 1$이지? 그리고 $2^1 = 2, 3^1 = 3$이잖아? 그러니까 12의 모든 약수를 $2^a \times 3^b$의 꼴로 쓸 수 있어. 그러면 다음과 같아.

$$1 = 2^0 \times 3^0$$
$$2 = 2^1 \times 3^0$$
$$3 = 2^0 \times 3^1$$
$$4 = 2^2 \times 3^0$$
$$6 = 2^1 \times 3^1$$
$$12 = 2^2 \times 3^1$$

그렇다면 약수는 $2^a \times 3^b$에서 $a$는 0, 1, 2 중 하나이고 $b$는 0, 1 중 하나로군. 그러니까 가능한 경우의 수는 $3 \times 2 = 6$(가지)이 되지? 그런데 여기서 3은 2+1이고 2는 1+1이니까 12의 약수의 개수는 다음과 같이 쓸 수 있어.

$2^2 \times 3^1$의 약수의 개수 $= (2+1) \times (1+1)$

그러니까 다음과 같은 약수의 개수를 구하는 공식을 만들 수 있는 거야.

### 약수의 개수

자연수 $a$가 $a = p^l \times q^m \times r^n$으로 소인수분해 되면, $a$의 약수의 개수는 다음과 같아.

$(l+1) \times (m+1) \times (n+1)$(개)

## 06_공약수와 최대공약수

공약수에 대한 공부를 해 볼까? 12의 약수를 써 봐.

1, 2, 3, 4, 6, 12

이번에는 18의 약수를 모두 써 봐.

1, 2, 3, 6, 9, 18

12의 약수이면서 동시에 18의 약수인 수를 골라내 봐. 다음과 같지?

1, 2, 3, 6

이것을 두 수 12와 18의 '공약수'라고 불러. 그리고 이 중에서 가장 큰 수를 '최대공약수'라고 부르지. 여기서 가장 큰 수는 6이지? 그러니까 12와 18의 최대공약수는 6이야. 어랏! 그런데 두 수의 공약수가 두 수의 최대공약수의 약수들이군. 요건 아주 중요한 성질이야.

- 두 개 이상의 자연수의 공통인 약수를 공약수라고 하고, 그중 가장 큰 수를 최대공약수라고 부른다.
- 두 자연수의 공약수는 최대공약수의 약수이다.

이번에는 어떤 두 수의 최대공약수를 구하는 방법에 대해 알아보자. 예를 들어 36과 90의 최대공약수를 구해 볼까? 36을 소인수분해 하면

$$36 = 2^2 \times 3^2$$

이 되고, 90을 소인수분해 하면

$$90 = 2 \times 3^2 \times 5$$

가 되지? 이것을 거듭제곱으로 나타내지 말고 소인수들의 곱으로 써 봐.

$$36 = 2 \times 2 \times 3 \times 3$$
$$90 = 2 \times 3 \times 3 \times 5$$

|   | 36 | 90 |
|---|----|----|
| 2 | 2개 | 1개 |
| 3 | 2개 | 2개 |
| 5 | 0개 | 1개 |

두 수의 소인수분해에 들어 있는 공통인 소수의 개수를 왼쪽과 같이 나열해 봐.

|   | 36 | 90 |
|---|----|----|
| 2 | 2개 | **1개** |
| 3 | 2개 | 2개 |
| 5 | **0개** | 1개 |

이때 두 수의 소인수분해에 포함된 소수의 개수가 작은 쪽을 표시하면 옆과 같아.

따라서 2를 한 개, 3을 두 개 곱하면

$$2 \times 3 \times 3 = 18$$

이 되는데, 이것이 바로 두 수 36과 90의 최대공약수야.

　세 수의 최대공약수를 구하는 방법을 알아보자. 예를 들어 12, 42, 60의 최대공약수를 구해 볼까? 우선 공통의 소인수로 나눠 봐.

$$\begin{array}{r|ccc} 2 & 12 & 42 & 60 \\ 3 & 6 & 21 & 30 \\ \hline & 2 & 7 & 10 \end{array}$$

　이때 왼쪽에 있는 수를 곱하면 그게 바로 최대공약수야. 그러니까 12, 42, 60의 최대공약수는 $2 \times 3 = 6$이야.

　이번에는 '서로소'에 대해 알아볼까? 9와 10의 공약수를 구해 봐. 9의 약수는 1, 3, 9이고 10의 약수는 1, 2, 5, 10이지. 이때 9와 10의 공약수는 1이므로 9와 10은 서로소가 되는 거야.

**공약수가 1뿐인 두 수를 서로소라 한다.**

## 07_공배수와 최소공배수

이번에는 공배수에 대해 알아볼까? 3의 배수를 모두 써 보면

$$3, 6, 9, 12, 15, \cdots$$

가 되지? 그리고 4의 배수를 모두 써 봐.

$$4, 8, 12, 16, 20, 24, \cdots$$

가 되지? 여기서 3의 배수이면서 동시에 4의 배수인 것을 골라내 봐.

$$12, 24, 36, \cdots$$

이것을 3과 4의 '공배수'라고 불러. 공배수들 중에서 가장 작은 수는 12이지? 이 수를 '최소공배수'라고 불러. 어랏! 그런데 두 수의 공배수는 바로 최소공배수의 배수들이군! 이건 아주 중요한 성질이야.

**두 개 이상의 자연수의 배수들 중에서 공통인 수를 공배수라고 하고, 그 중 가장 작은 수를 최소공배수라고 부른다.**

이제 어떤 두 수의 최소공배수를 구하는 방법에 대해 알아볼까? 예

를 들어 24와 60의 최소공배수를 구해 보자. 24를 소인수분해 하면

$$24 = 2^3 \times 3$$

이 되고, 60을 소인수분해 하면

$$60 = 2^2 \times 3 \times 5$$

가 되지. 이것을 거듭제곱으로 나타내지 말고 소인수의 곱으로 나열해 보면

$$24 = 2 \times 2 \times 2 \times 3$$
$$60 = 2 \times 2 \times 3 \times 5$$

두 수의 소인수분해에 들어 있는 공통인 소수의 개수를 나열해 봐.

|   | 24 | 60 |
|---|----|----|
| 2 | 3개 | 2개 |
| 3 | 1개 | 1개 |
| 5 | 0개 | 1개 |

이때 두 수의 소인수분해에 포함된 소수의 개수가 큰 쪽을 표시해 봐.

심화학습 143

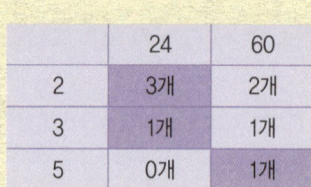

|   | 24 | 60 |
|---|---|---|
| 2 | 3개 | 2개 |
| 3 | 1개 | 1개 |
| 5 | 0개 | 1개 |

따라서 2를 세 개, 3을 한 개, 5를 한 개 곱하면

$$2 \times 2 \times 2 \times 3 \times 5 = 120$$

이 돼. 이것이 바로 두 수 24와 60의 최소공배수가 되는 거지.

세 수의 최소공배수를 구하는 방법을 알아보자. 예를 들어 12, 42, 60의 최소공배수를 구해 볼까? 우선 공통의 소인수로 나눠 봐.

$$\begin{array}{r|rrr} 2 & 12 & 42 & 60 \\ \hline 3 & 6 & 21 & 30 \\ \hline & 2 & 7 & 10 \end{array}$$

세 수 2, 7, 10 중 두 수에만 공약수가 있더라도 계속 나눠 봐. 즉, 2와 10의 공약수가 2이므로 2로 나눈 몫을 아래에 쓰는 거야. 이때 7은 그대로 다시 아래에 써야 해.

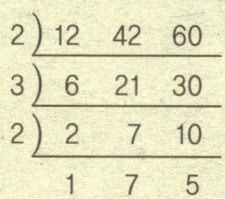

세 수 1, 7, 5 중 어떤 두 수도 공약수가 없으므로 여기서 멈추는 거야. 이때 세 수 12, 42, 60의 최소공배수는

$$2 \times 3 \times 2 \times 1 \times 7 \times 5 = 420$$

이야.

## 08_십진법

먼저 십진법에 대해 알아보자. 수를 나타낼 때 자리가 하나씩 올라감에 따라 자리의 값이 10배씩 커지게 수를 표시하는 방법을 '십진법'이라고 해. 예를 들면 324처럼 말이야. 이렇게 십진법으로 나타내어진 수를 '십진법의 수'라고 부르지. 그럼 십진법 수의 각 자리에 들어갈 수 있는 수는 뭘까? 당연히 0, 1, 2, 3, 4, 5, 6, 7, 8, 9 중의 하나겠지? 이렇게 십진법의 각 자리에는 0부터 9까지의 숫자를 쓸 수 있어.

이제 십진법의 전개식에 대해 알아보자. 예를 들어 324를 봐. 여기서 3은 100의 자리, 2는 10의 자리, 4는 일의 자리이고 이때 100, 10, 1을 각 자리의 값이라고 해.

그러므로 한 자리 올라갈 때마다 자리의 값이 10배가 되지. 각 자리의 값을 거듭제곱으로 나타내면 $100=10^2$이므로 3은 $10^2$ 자리 수라고 말할 수도 있어. 이것을 그림으로 나타내면 다음과 같아.

3    4    2
↓    ↓    ↓
$10^2$의 자리   10의 자리   1의 자리

$342=300+40+2$이고, $300=3\times100=3\times10^2$, $40=4\times10$이니까 다음과 같이 쓸 수 있어.

$$342=3\times10^2+4\times10+2\times1$$

이것을 '십진법의 전개식'이라고 해.

# 09_이진법

이번에는 이진법에 대해 알아보자. 이진법은 수를 나타낼 때 자리가 하나씩 올라감에 따라 자리의 값이 2배씩 커지게 수를 표시하는 방법이야. 그리고 이진법으로 나타내어진 수를 '이진법의 수'라고 불러. 십진법의 각 자리에 들어갈 수 있는 수는 0부터 9까지의 수였지? 그럼 이진법의 각 자리에 들어갈 수 있는 수는 어떻게 될까? 당연히 0부터 1까지의 수, 그러니까 0과 1이야. 이렇게 0과 1만으로 모든 수를 나타낼 수 있는 것이 '이진법'이야. 그럼 이진법의 수는 어떻게 쓸까? 만일 1001이라고 쓰면 이것이 이진법의 수인지 십진법의 수 '천일'인지를 알 수 없잖아? 그래서 수학자들은 이진법의 수는 다음과 같이 쓰기로 약속했대.

$$1001_{(2)}$$

오른쪽에 붙어 있는 '(2)'가 바로 이진법이라는 것을 나타내는 거야. 그럼 이 수도 '천일'이라고 읽을까? 그러면 십진법의 수와 혼동이 되잖아? 그래서 이 수는 '이진법으로 나타낸 수 일영영일'이라고 읽지.

이번에는 이진법의 전개식에 대해 알아보자. 십진법의 10 대신에

심화학습 **147**

2를 넣는다고 생각해 봐. 그럼 십진법의 수 342에서 3은 $10^2$자리 수, 4는 10의 자리의 수, 2는 1의 자리의 수이듯이 이진법의 수 $101_{(2)}$에서 앞의 1은 $2^2$의 자리 숫자, 0은 2의 자리 숫자, 뒤의 1은 1의 자리 숫자가 돼. 그러니까 다음 그림과 같아.

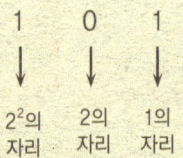

아하! 십진법에서 $1, 10, 10^2, \cdots$이던 것이 $1, 2, 2^2, \cdots$로 바뀌는구나. 이제 이진법의 전개식이 뭔지 알겠지?

## 10_이진법과 십진법

이번에는 이진법과 십진법의 관계에 대해 알아볼까? 먼저 이진법의 수는 어떻게 십진법의 수로 바꿀까? 그건 전개식을 이용하면 돼. 예를 들어 보자.

이진법의 수 $1010_{(2)}$를 십진법의 수로 나타낼 때는 먼저 이 수를 이진법의 전개식으로 나타내. 그러면 다음과 같아.

$$1010_{(2)} = 1 \times 2^3 + 0 \times 2^2 + 1 \times 2^1 + 0 \times 2^0$$

여기서 $2^3=8$이니까 계산하면 $1010_{(2)} = 1 \times 8 + 1 \times 2 = 10$이 되잖아? 그러니까 $1010_{(2)}$는 십진법의 수 10을 나타내는 거야.

그럼 십진법의 수를 이진법의 수로 고칠 때는 어떻게 할까? 예를 들어 11을 이진법의 수로 나타내 보자. $2^2=4, 2^3=8$이므로

$$11 = 8 + 2 + 1$$

이라고 쓸 수 있지? 그러므로 거듭제곱으로 나타내면

$$11 = 1 \times 2^3 + 0 \times 2^2 + 1 \times 2^1 + 1 \times 2^0$$

이 돼. 11을 이진법의 전개식으로 나타내면 $2^3$ 자리의 수가 1, $2^2$ 자리 수가 0, 2의 자리 수가 1, 1의 자리 수가 1이므로 이진법으로 쓰면 $1011_{(2)}$이 되지.

이것을 좀 더 쉽고 빠르게 구하는 방법이 있어. 다음 요령에 맞춰 따라해 봐.

먼저 11을 2로 나눈 몫 5와 나머지 1을 다음과 같이 써 봐.

```
2 ) 11
    5 … 1
```

이번에는 5를 2로 나눈 몫과 나머지를 같은 방법으로 써.

```
2 ) 11
2 )  5 … 1
     2 … 1
```

다시 2를 2로 나눈 몫과 나머지를 같은 방법으로 써.

```
2 ) 11
2 )  5 … 1
2 )  2 … 1
     1 … 0
```

이제 밑에서부터 거꾸로 쓰면 그것이 11을 이진법으로 나타낸 수인 $1011_{(2)}$이 되는 거야.

```
2 ) 11
2 )  5 … 1
2 )  2 … 1
     1 … 0
```

# 12_이진법 수의 덧셈과 뺄셈

이진법의 덧셈과 뺄셈은 어떻게 할까? 다음 규칙대로 하면 돼.

- **덧셈**: 각 자리 수의 합이 2 이상이 되면 2는 바로 윗자리로 1이 되어 올라가고 2를 뺀 나머지만 그 자리에 남는다.
- **뺄셈**: 뺄 수 있을 때는 그대로 빼고, 뺄 수 없을 때는 윗자리에서 1을 빌려 오면 1은 바로 아랫자리의 2가 된다.

예를 들어 $1011_{(2)}+1101_{(2)}$을 계산해 보자. 다음과 같이 세로로 써.

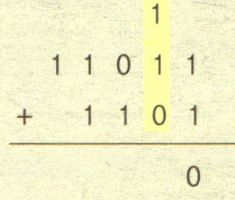

네모 안을 더하면 2가 되니까 1이 올라가고 0이 남지.

다시 네모 안을 보면 2가 되니까 1이 올라가고 0이 남아.

```
      1 1
    1 1 0 1 1
  +   1 1 0 1
  ─────────────
            0 0
```

네모 안이 다시 2가 되니까 1이 올라가고 0이 남게 돼.

```
    1 1 1
    1 1 0 1 1
  +   1 1 0 1
  ─────────────
          0 0 0
```

네모 안이 3이 되니까 1이 올라가고 1이 남지.

```
  1 1 1 1
    1 1 0 1 1
  +   1 1 0 1
  ─────────────
        1 0 0 0
```

다시 네모 안이 2가 되니까 1이 올라가고 0이 남아.

```
   1 1 1 1 1
     1 1 0 1 1
+      1 1 0 1
-----------------
   1 0 1 0 0 0
```

그러니까 답은 $101000_{(2)}$이야.

이번에는 뺄셈을 예로 들어 볼까? $1101_{(2)} - 110_{(2)}$을 계산해 보자. 우선 세로로 써.

```
    1 1 0 1
-     1 1 0
-----------
```

네모 안은 뺄 수 있으니까 다음과 같아.

```
    1 1 0 1
-     1 1 0
-----------
            1
```

0에서 1을 못 빼니까 앞자리에서 1을 빌려 오면 아랫자리의 2가 되지.

$$\begin{array}{r} \phantom{1}0\phantom{1}2\phantom{1} \\ 1\,\cancel{1}\,\cancel{0}\,1 \\ -\phantom{1}1\,1\,0 \\ \hline \phantom{-1}1\,1 \end{array}$$

0에서 1을 못 빼니까 앞자리에서 1을 빌려 오면 아랫자리의 2가 돼.

$$\begin{array}{r} \phantom{11}2\phantom{11} \\ \phantom{1}\cancel{0}\phantom{11} \\ 1\,\cancel{1}\,\cancel{0}\,1 \\ -\phantom{1}1\,1\,0 \\ \hline \phantom{-}1\,1\,1 \end{array}$$

그러니까 계산 결과는 $111_{(2)}$이 되지.

## ★ 교과연계 ★

### 1. 약수
4-1 (5) 혼합계산
5-가 (1) 배수와 약수

### 2. 배수
4-1 (5) 혼합계산
5-가 (1) 배수와 약수

### 3. 잉여류
3-2 (4) 나눗셈
5-가 (1) 배수와 약수

### 4. 홀수와 짝수의 성질
4-1 (5) 혼합계산
5-가 (1) 배수와 약수

### 5. 암호 숫자
4-2 (1) 분수의 덧셈과 뺄셈
5-나 (7) 자료의 표현

### 6. 오류검증번호
4-1 (5) 혼합계산
4-2 (8) 규칙 찾고 문제 해결하기

### 7. 네 개의 숫자를 차례로 배열하는 방법
6-나 (6) 경우의 수

### 8. 이진법과 부부수
5-가 (1) 배수와 약수

### 9. 오일러 가설과 페르마의 소정리
5-가 (1) 배수와 약수

**글쓴이 정완상** 교수

1962년 서울에서 태어나 1985년에 서울대학교 무기재료공학과를 졸업했습니다. 1992년 KAIST에서 중력이론으로 이론물리학 박사학위를 취득하였고, 1992년부터 현재까지 국립 경상대학교 기 과학부 교수로 재직하고 있습니다. 전공 분야는 중력이론과 양자대칭성 및 응용수학으로 현재까지 물리학과 수학의 국제 학술지에 100여 편의 논문을 게재했습니다.

저서로는 『아인슈타인이 들려주는 상대성원리 이야기』, 『호킹이 들려주는 빅뱅 이야기』, 『과학공화국 물리법정』, 『과학공화국 수학법정』, 『과학공화국 생물법정』, 『과학공화국 화학법정』, 『과학공화국 지구법정』 등이 있습니다.

**그린이 이화**

부산대 시각디자인학과를 졸업하고 홍익대 대학원에서 메타디자인 일러스트레이션을 공부했습니다. 어린시절부터 환상의 세계를 상상하며 자랐고 지금도 꿈꾸며 살고 있습니다.
2005년부터 디자이 및 일러스트레이터로 도서, 웹, 음반, 패키지 등 다양한 영역에서 활동하고 있습니다. 63빌딩 홈페이지 일러스트레이션, 상주 이야기축제 전체 일러스트 담당, 각종 사보의 표지 일러스트레이터로 일했습니다. 그림책으로는 『싸이의 과학대모험』, 『에스더의 싸이언스 데이트』, 『우주로 가요』, 『판타지 수학원정대』 등이 있습니다.
http://blog.naver.com/dlghk82

## 영재들을 위한 상위10%
# 수학 바이러스

### 2010 좋은 어린이책 최우수 도서 선정

**매쓰피아 왕국에서 펼쳐지는
셈짱과 리나의 수학 모험**

1. 구구몬과의 대결 『수와 연산』
2. 마법의 도형 『도형』
3. 함정에 빠진 셈짱과 리나 『문자와 식』
4. 매쓰톤의 좌표 『규칙성과 함수』
5. 게임 아일랜드 『확률과 통계』

글 정완상 | 그림 조윤영 | 값 14,000원

**매쓰브리지 캠퍼스에서 펼쳐지는
페르와 매씨의 추리 모험**

1. 매쓰브리지 입학 『수와 연산』
2. 바빌로니아 피타고라스 『도형』
3. 수학유령의 등장 『문자와 식』
4. 교묘한 트릭 『규칙성과 함수』
5. 이상한 카드게임 『확률과 통계』

글 정완상 | 그림 이화 | 값 14,000원